essentials liefern aktuelles Wissen in konzentrierter Form. Die Essenz dessen, worauf es als „State-of-the-Art" in der gegenwärtigen Fachdiskussion oder in der Praxis ankommt. *essentials* informieren schnell, unkompliziert und verständlich

- als Einführung in ein aktuelles Thema aus Ihrem Fachgebiet
- als Einstieg in ein für Sie noch unbekanntes Themenfeld
- als Einblick, um zum Thema mitreden zu können

Die Bücher in elektronischer und gedruckter Form bringen das Fachwissen von Springerautor*innen kompakt zur Darstellung. Sie sind besonders für die Nutzung als eBook auf Tablet-PCs, eBook-Readern und Smartphones geeignet. *essentials* sind Wissensbausteine aus den Wirtschafts-, Sozial- und Geisteswissenschaften, aus Technik und Naturwissenschaften sowie aus Medizin, Psychologie und Gesundheitsberufen. Von renommierten Autor*innen aller Springer-Verlagsmarken.

Weitere Bände in der Reihe http://www.springer.com/series/13088

essentials

Katrin Keller · Martin F. Müller

CSR-Weiterbildung: Zwischen Wissen, Erfahrung und Haltung

Einsichten einer Weiterbildung zur gesellschaftlichen Unternehmensverantwortung

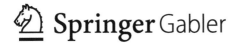

Katrin Keller
Koblenz, Deutschland

Martin F. Müller
Bendorf, Deutschland

ISSN 2197-6708   ISSN 2197-6716   (electronic)
essentials
ISBN 978-3-658-34901-1   ISBN 978-3-658-34902-8   (eBook)
https://doi.org/10.1007/978-3-658-34902-8

Die Deutsche Nationalbibliothek verzeichnet diese Publikation in der Deutschen Nationalbibliografie; detaillierte bibliografische Daten sind im Internet über http://dnb.d-nb.de abrufbar.

Planung/Lektorat: Christine Sheppard
Springer Gabler ist ein Imprint der eingetragenen Gesellschaft Springer Fachmedien Wiesbaden GmbH und ist ein Teil von Springer Nature.
Die Anschrift der Gesellschaft ist: Abraham-Lincoln-Str. 46, 65189 Wiesbaden, Germany

Was Sie in diesem *essential* finden können

- Eine Übersicht über die Perspektiven, Voraussetzungen und Bedingungen des Verantwortungsbegriffs
- Eine Einführung in die (normativen sowie strategischen) Grundlagen gesellschaftlicher Unternehmensverantwortung und eine Bilanz zur Bedeutung von Interdisziplinarität und Multiperspektivität
- Hinweise zu organisationstrukturellen und -kulturellen Bedingungen verantwortungsvoller Unternehmen und die Rolle von Führung und Strategie (Wissen, Erfahrung, Haltung)
- Einsichten einer Weiterbildung zur gesellschaftlichen Unternehmensverantwortung in fünf Schritten
- Handlungsempfehlungen für nachhaltige Veränderungsprozesse von Unternehmen (in Krisenzeiten)

Vorwort der Unternehmensleitung

„Quidquid agis, prudenter agas et respice finem" – *„Was du auch tust, handle klug und erwäge das Handeln von seinem Ende her unter Berücksichtigung seiner Folgen."* An dieses Weisheitswort erinnert das CSR-Essential, das die ersten Ergebnisse einer Weiterbildung für gesellschaftliche Unternehmensverantwortung reflektiert. Dieses Projekt mit den einzelnen Etappen des Lernweges der Kursgruppe konnte ich seitens des Vorstands der Hildegard-Stiftung begleiten.

Unternehmen auf dem Gesundheits- und Sozialsektor sind durch fundamentalen gesellschaftlichen Wandel, die fortschreitende Ökonomisierung sowie den Konkurrenzdruck in der Trägerlandschaft mit Tendenzen strategischer Kooperationen bzw. Fusionen herausgefordert. Bei christlich-kirchlichen Organisationen kommt verschärfend hinzu, dass die Akzeptanz der Kirchen in der Öffentlichkeit signifikant abgenommen hat und es zeitnah zu einer Neujustierung in der Gesellschaft kommen wird. Unternehmen, die sich an christlichen Werten orientierten, stellt diese Komplexitätssteigerung vor enorme Herausforderungen. Die Corona-Pandemie hat diese wie unter einem Brennglas ansichtig gemacht und zugleich verschärft.

In einer derartig unübersichtlichen Landschaft sind Unternehmen gut beraten, auf einen Kompass zurückzugreifen, der Orientierung für ihre Kultur, die Strukturen und Prozesssteuerung gibt. Die christliche Sozialethik, die auf der Tugend-, Norm- und Verantwortungsethik aufruht, stellt den Organisationen passende Tools für zukunftsorientiertes Handeln zur Verfügung. Erinnert sei an die traditionellen Prinzipien ethischen Handelns (Personalität, Solidarität, Subsidiarität, Gemeinwohl). Diese werden ergänzt um die Dimension „Nachhaltigkeit" als Verantwortung gegenüber der künftigen Generation in einer lebenswerten und zukunftsfähigen Schöpfung. Vor allem Papst Franziskus versteht sich als

Anwalt für dieses Ethos. Erinnert sei an seine Enzykliken (Lehrschreiben) *„Laudato Si'. Über die Sorge für das gemeinsame Haus"* (2015) und *„Fratelli Tutti. Über die Geschwisterlichkeit und den sozialen Frieden"* (2020). Angesichts der nicht absehbaren Langzeitfolgen der Corona-Pandemie liest sich sein jüngstes Dokument wie eine prophetische Zeitansage. In diesem Sinne widersetzt sich christlich verantwortetes unternehmerisches Handeln der Versuchung einer eindimensional-gewinnorientierter Handlungsmaxime. Vielmehr nimmt es die ethische Verantwortung ernst – nicht zuletzt verstanden als „Ant-Wort" gegenüber dem Gott, der nach biblischem Verständnis die Welt und darin jeden Menschen mit seinem Wort ins Leben gerufen hat.

„Was du auch tust, handle klug und erwäge das Handeln von seinem Ende her unter Berücksichtigung seiner Folgen." Mit Rückgriff auf dieses Weisheitswort wünsche ich dem vorliegenden Essential „Zwischen Wissen, Erfahrung und Haltung" eine aufmerksame Leserschaft.

Trier, 10.04.2021 (am 100. Todestag von Lorenz Werthmann, dem Gründer des Deutschen Caritasverbandes).

Prof. Dr. Martin Lörsch
Stellvertretender Vorsitzender der Hildegard-Stiftung
Trier, Deutschland

Vorwort des Kooperationspartners

Gegenwärtig befindet sich unsere Wirtschaft in einer der größten Transformationsprozesse seit der Industrialisierung. Internationale Wertschöpfungsketten werden radikal umgebaut, neue digitale Geschäftsmodelle mit hohem Tempo entwickelt sowie die globalen Entwicklungen – z. B. Klimawandel, Verlust der Artenvielfalt, der demografische Wandel sowie die sozialen Ungleichheiten – konsequent als unternehmerische Herausforderung und zugleich Chance definiert. Die Reflexion der eigenen Unternehmensstrategien und Geschäftsmodelle im Kontext der ökonomischen, sozialen und ökologischen Veränderungen ist somit wichtiger denn je.

Um die eigene Wettbewerbsfähig zu stärken, braucht es einen hohen Grad an Zukunftsorientierung, Resilienz und Agilität sowie die konsequente Integration von Nachhaltigem Management in das gesamte Unternehmen. Nachhaltige Unternehmen profitieren im Innovationsprozess mehr als andere vom hohen Vertrauen, dass sie bei den Mitarbeiter*Innen, den Kund*Innen, dem regionalen Umfeld sowie bei den Geschäftspartner*Innen genießen. Dieses hilft ihnen dabei Wertschöpfungsketten aufzubauen, neue regionale Märkte zu erschließen sowie global vertrauensvolle Geschäftsbeziehungen zu pflegen – und so die Chancen der aktuellen Veränderungen zu nutzen!

In der Öffentlichkeit setzt sich mittlerweile die Erkenntnis durch, dass wir den Planeten retten können, ohne die Wirtschaft zu schwächen. Ganz im Gegenteil: Durch die konsequente Weiterentwicklung der Unternehmen können wir die Welt nachhaltiger gestalten und zugleich unseren Wirtschaftsraum stärken. Durch die intelligente Verbindung unternehmerischen Denkens und Eigenverantwortung mit Nachhaltiger Entwicklung können wir neue unternehmerische Lösungen und dringend notwendige Innovationen für die Lösung gesellschaftlicher Herausforderungen generieren.

In der vorliegenden Publikation mit dem Titel „CSR-Weiterbildung: Zwischen Wissen, Erfahrung und Haltung" fokussieren die Herausgeberin Prof. Dr. Katrin Keller und Herausgeber Martin F. Müller auf die Umsetzung dieses neuen Managementparadigma und zeigen auf, wie es in der Praxis umgesetzt werden kann. Mir bleibt nun nur allen Leserinnen und Lesern, eine interessante Lektüre zu wünschen.

Prof. Dr. René Schmidpeter
M3TRIX
Köln, Deutschland

Inhaltsverzeichnis

Über die Autoren

Prof. Dr. Katrin Keller weist langjährige Beratungs- und Trainingserfahrung in den Bereichen Führung, Kommunikation und Personal- sowie Organisationsentwicklung auf. Ferner ist sie als Professorin für Gesundheitspädagogik und Personalentwicklung an der FOM Hochschule, Köln tätig. Darüber hinaus ist Prof. Dr. Katrin Keller für den Bereich der Organisationsentwicklung in einem Gesundheitskonzern verantwortlich und engagiert sich als stellvertretende Vorstandsvorsitzende auf Bundesebene für IN VIA – Katholischer Verband für Mädchen- und Frauensozialarbeit – Deutschland e. V.

Martin F. Müller, M.A. ist für den Bereich Personalentwicklung und wissenschaftliche Fort-/Weiterbildung in einem Gesundheitskonzern verantwortlich. Darüber hinaus ist er als Berater für Stiftungen und als Dozent an verschiedenen Universitäten tätig. Als Doktorand beschäftigt er sich mit der Frage, wie Unternehmen in Krisensituationen stabil bzw. handlungsfähig bleiben.

Hinführung 1

Die Dynamik gesellschaftlicher, politischer, wirtschaftlicher und technologischer Veränderungsprozesse und ihre Auswirkungen auf individuelle (Berufs-)Biografien, aber auch die Arbeitswelt im Gesamten, scheinen unbestreitbar. Dies spiegelt sich auch eindrucksvoll in der gegenwärtigen sozial- und wirtschaftswissenschaftlichen Literatur wider. Einleitende Sätze verweisen darin nicht selten auf den schnelllebigen Wandel in und von Gesellschaft und Unternehmen sowie exemplarische Beispiele, seien es die Folgen und Auswirkungen von Wirtschaftsskandalen, Korruption, globalen Krisen wie die Finanz- oder Klimakrise, demografische Entwicklungen oder die Covid-19 Pandemie. Forschungseinrichtungen, wie das Zukunftsinstitut, beschreiben Folgen solcher Entwicklungen als sogenannte Megatrends, die sich in hohem Ausmaß auf die Arbeitswelt 4.0 und Unternehmen von morgen auswirken werden (vgl. Zukunftsinstitut 2019). Hierzu zählt bspw. die Individualisierung, d. h. die persönliche Freiheit in der Gestaltung der Berufsbiografie und in der Wahl von Produkten und Dienstleistungen, tragen zu einem arbeitnehmer- und konsumentenorientierten Markt bei, der von Unternehmen mehr denn je erfordert die Wünsche, Vorstellungen und Werte ihrer Kunden, Mitarbeitenden und Stakeholder zu berücksichtigen. Darüber hinaus wirken sich Megatrends, wie New Work, Gender Shift und Silver Society auf Strukturen, Strategien und nicht zuletzt die Kultur von Unternehmen aus (vgl. Lang & Wagner 2020, S. 4 f.). Solche tief greifenden Veränderungen, und die damit einhergehende Verunsicherung, lassen den gesellschaftlichen Aufschrei und Wunsch nach Verantwortung(sübernahme), auch oder gerade von Organisationen, lauter werden.

Daher scheint es wenig überraschend, dass die Verantwortung von Unternehmen gegenüber der Gesellschaft und deren Teilbereiche in den vergangenen zwei Jahrzehnten, nicht zuletzt durch die Dynamik und Komplexität der beschriebenen

K. Keller und M. F. Müller, *CSR-Weiterbildung: Zwischen Wissen, Erfahrung und Haltung*, essentials, https://doi.org/10.1007/978-3-658-34902-8_1

Veränderungen und Megatrends, stark an Zugkraft gewonnen hat (vgl. Aicher, 2011, S. 1 f.; Steiner & Rathe, 2018, S. 351). Der ursprünglich aus dem anglo-amerikanischen Raum stammende Begriff der Corporate Social Responsibility, kurz CSR, hat auch im deutschsprachigen Raum Einzug gehalten und beschreibt eine gesellschaftlich verantwortungsvolle Unternehmensführung, die zum Ziel hat, zu einer nachhaltigen Entwicklung beizutragen (vgl. Schneider & Schmid-peter, 2015). Die Idee gesellschaftlicher Unternehmensverantwortung beschränkt sich dabei nicht darauf, singuläre Maßnahmen, wie Spendenaktionen oder Sponsoring, voranzutreiben und Nachhaltigkeitsbeauftragte oder ganze Abteilungen zu implementieren. Sicherlich stellen Corporate Giving (Spenden/Sponsoring) und Corporate Volunteering (Freistellung von Mitarbeitenden für ehrenamtliche Tätigkeiten) wichtige Ansatzpunkte, gerade in Krisenzeiten, dar. Gesellschaftliche Unternehmensverantwortung geht jedoch darüber hinaus, indem ein neues Mind-set in Unternehmen, unabhängig ihrer Branche, Rechtsform und Ausrichtung, entstehen und gelebt werden soll, dass auf eine umfassende, gesamtgesellschaft-liche Nachhaltigkeit ausgerichtet ist (vgl. Motoki Tonn & Stürenberg Herrera, 2018, S. 485). Dabei gilt es ökologische, soziale und ökonomische Anforderun-gen gleichermaßen miteinzubeziehen und in einen verantwortungsvollen Einklang zu bringen (vgl. Balderjahn, 2013, S. 46), um sowohl für gegenwärtige als auch zukünftige Generationen bestmögliche Voraussetzungen einer gesicherten Lebens-grundlage zu schaffen (vgl. Hauff, 1987, S. 46). Kurzum geht es um nichts weniger als eine globale, intra und intergenerativ gelebte Solidarität.

Der Diskurs um CSR ist daher nicht nur von deskriptiven, empirischen und evidenzbasierten Auseinandersetzungen und Ansprüchen gekennzeichnet, sondern eben auch seit jeher von normativen Ansprüchen an eine verantwortungsvolle Unternehmensführung, die im solidarischen Sinne eine nachhaltige Zukunft für alle sichert. Sie ist also einerseits Ausdruck und Leitbild nachhaltiger Entwicklung und andererseits strategische und nicht selten auch operative Maßnahme einer interventiven, im besten Fall auch präventiven, Problembekämpfung. Gerade letz-tere Auslegung scheint problematisch, da die Reichweite von CSR dabei kaum über die Grenze des guten Glaubens und der guten Absicht überschreitet und sie eher aus vermeintlich schadensmindernden und öffentlichkeitswirksamen – d. h. reaktiven – Beweggründen resultiert. Umso bedeutsamer scheinen langfristige Implementierungsstrategien, die dazu beitragen können, CSR als einen ganzheit-lichen und partizipativen Prozess in die Struktur und Kultur eines Unternehmens zu verankern. Aus diesem Grund ist es Anliegen und Wunsch der Autoren Ihnen als Leser*in Perspektiven und Hinweise aufzuzeigen, mit denen der Weg zur gesellschaftlichen Unternehmensverantwortung Schritt für Schritt gelingen kann.

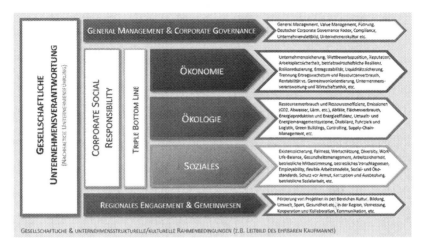

Abb. 1.1 Erweitertes 3-Säulen-Modell CSR und Nachhaltigkeit. (Quelle: Eigene Darstellung 2021)

Angesichts der gegenwärtigen wie zukünftig erwartbaren Bedeutung(shoheit) von Verantwortung, gilt es in Kap. 2 zunächst dazu ein tief greifenderes Verständnis des Begriffes sowie dessen vielschichtige Facetten zu erlangen. Zudem sollen die normativen Grundlagen und züge der Unternehmensverantwortung skizziert werden. Als gesamtgesellschaftliche Aufgabe und Herausforderung ist die wissenschaftliche wie praxisorientierte Auseinandersetzung mit CSR auf inter und transdisziplinäre Zusammenarbeit und Multiperspektivität angewiesen, woraus sich auch Implikationen für Implementierungsstrategien ergeben, dargestellt in einem Zwischenfazit in Kap. 3. Zu den erforderlichen Rahmenbedingungen, die auch für die Gestaltung einer Weiterbildung mit ganzheitlichem Lehr-Lern-Anspruch maßgeblich sind, gehören die Vermittlung des notwendigen Wissens, Möglichkeiten des „Erfahrens" und Erfahrungsaustauschs sowie die reflexive Offenheit eine eigene Haltung herausbilden zu können. Grundlegende Merkmale dieser Bedingungen werden in Kap. 4 beschrieben. Im nachfolgenden Kap. 5 werden die jeweiligen Schritte (STEPs) mit den Inhalten, Kompetenzzielen und den Lern- und Lehrformaten aufgeführt. Die STEPs orientieren sich dabei an einem erweiterten Drei-Säulen-Modell nachhaltiger Entwicklung (s. Abb. 1.1). Dahinter liegen in der Anwendung konkrete und zielgruppenorientierte Beschreibungen – auch in Form von ‚didaktischen Drehbüchern'.

Das Fazit, in Kap. 6, schließt mit Handlungsempfehlungen und Potenzialen einer CSR-Weiterbildung für eine Transformation in Zeiten dynamischer und herausfordernder Veränderungen.

Die Bedeutungshoheit und -vielfalt von Verantwortung

2

Der Verantwortungsbegriff hat Konjunktur und wird, gerade in dynamischen und volatilen Zeiten, zur Selbstverständlichkeit in der alltäglichen analogen wie digitalen Kommunikation. Einem Alltagsverständnis folgend, zeigt sich Verantwortung in der Zuständigkeit für Dinge und/oder Personen und dem Eintreten für die Konsequenzen entsprechender Handlungen. Kurzum Verantwortungsträger sind in der Lage Antworten zu geben. Die Forderung nach, Zuschreibung von und Debatte um Verantwortung wird bei länger anhaltender Unsicherheit, wie sie bei Krisen mit einhergeht, nicht selten lauter und undifferenzierter. Allzu groß scheint die Versuchung die Lösung komplexer Fragestellungen und Probleme in die Verantwortung anderer individueller, unternehmerischer oder politischer Akteure zu geben. Aber auch die andere Seite, einer womöglich voreiligen und unreflektierten Verantwortungsübernahme, die den eigenen oder fremdgesteckten Erwartungen oder Versprechungen nicht gerecht werden kann, scheint problematisch. So selbstverständlich der Umgang mit dem Verantwortungsbegriff im Alltag geworden ist, er ist weder eindeutig noch einfach und von einer hohen Diversität an Definitionen und Voraussetzungen gekennzeichnet, die sich erheblich auf Verständnis und Anwendung des Begriffs auswirken (vgl. Heidbrink, 2017, S. 3 f.).

2.1 Verständnisse und Voraussetzungen von Verantwortung

Dem Begriff ‚Verantwortung' ist seit jeher ein Spannungsverhältnis zwischen Freiwilligkeit, Selbst- und Fremdverpflichtung immanent (vgl. Heidbrink, 2017, S. 5). Krisen, wie die gegenwärtige globale Corona-Krise, führen diese Spannungen und damit einhergehenden Herausforderungen und Folgen, wie der

K. Keller und M. F. Müller, *CSR-Weiterbildung: Zwischen Wissen, Erfahrung und Haltung*, essentials, https://doi.org/10.1007/978-3-658-34902-8_2

zunehmende Erwartungs- und Handlungsdruck, physisch und psychische Belastungen, Vertrauensverlust und Gefährdung organisationaler oder gesellschaftlicher Systemstabilitäten, eindrücklich vor Augen. Zugleich wird damit die Bedeutung und der Zusammenhang von Verantwortungsverständnis und kontextualen Bedingungen deutlich, den Heidbrink wie folgt zusammenfasst:

> „Verantwortlichkeit setzt die Freiheit des Handelns, die kausale Verursachung von Konsequenzen und die Kenntnisse der Umstände voraus. Darüber hinaus ist Verantwortung das Resultat einer Zuschreibung, die zumeist aus der Perspektive der dritten Person vollzogen wird. Es wird üblicherweise nach unparteilichen ethischen oder rechtlichen Maßstäben darüber geurteilt, ob jemand für sein Handeln verantwortlich ist. Die Zuschreibung von Verantwortung beruht ihrerseits auf Voraussetzungen, die von der normativen Verfassung einer Gesellschaft und epistemischen Grundannahmen abhängen. Wann und in welcher Weise wem Verantwortung zugerechnet wird, hat nicht nur etwas mit dem gesellschaftlichen Werte- und Normensystem und den zugrunde gelegten Moral- und Rechtstheorien zu tun, sondern auch mit methodologischen und erkenntnistheoretischen Annahmen über den Status von Akteuren, die Rolle von Intentionen und erkenntnistheoretischen Annahmen über den Status von Akteuren, die Rolle von Intentionen oder die Relevanz von Wissen bei Handlungsentscheidungen." (Heidbrink, 2017, S. 4)

Zusammenfassend bildet die jeweilige Perspektive auf den Verantwortungsbegriff die Grundlage für dessen Anwendung sowie Reichweite und erschließen zugleich dessen notwendige Bedingungen und Voraussetzungen (vgl. ebd.).

Das Verständnis von Verantwortung, als Zuständigkeit und Schuldigkeit für und von Handlungen sowie deren Konsequenzen, wird demzufolge um einen Handlungsrahmen, bspw. geltendes Recht oder Normen, erweitert. Im Unterschied zur Pflicht oder Verpflichtung, erstreckt sich die Verantwortung eines Akteurs jedoch nicht nur auf die Einhaltung und Befolgung solcher Regeln und Normen, vielmehr werden hierbei auch die Folgen eines regeln- und normenkonformen Handelns mitberücksichtigt. Obwohl der Pflicht- und Verantwortungsbegriff in einem engen Zusammenhang stehen, sind sie nicht deckungsgleich und unterscheiden sich in der Eindeutigkeit ihrer Bedingungen und Anforderungen.

> „Während Pflichten einen relativ klar bestimmten Bereich normativer Handlungsanforderungen eingrenzen, können Verantwortlichkeiten auf nicht eindeutig festgelegten Handlungserwartungen beruhen, die den Bereich des ethisch und rechtlich Obligatorischen erweitern." (Heidbrink, 2017, S. 5)

Da der Verantwortungsbegriff nicht ausschließlich auf Verpflichtung reduziert werden kann, sondern auf Zuständigkeit und Freiheit basiert, sowohl Ausgangssituationen als auch Folgen und Abhängigkeiten zum jeweiligen Kontext miteinbezieht und in der Regel im Aushandlungsprozess von (verschiedenen) Akteuren entsteht, definiert Heidbrink (2017) *Verantwortung als 1) Zurechnungsfähigkeit und Zuständigkeit, 2) Folgenbasierte Legitimation, 3) Kontextualistisches Reflexionsprinzip und 4) Struktur- und Steuerungselement.*

1) Verantwortung als *Zurechnungsfähigkeit* beruht auf dem Grundsatz, dass Akteure für ihre Handlungen und deren Konsequenzen nur dann zur Rechenschaft gezogen werden können, wenn sie freiwillig, wissentlich und willentlich agieren. Unsicherheit oder Unwissenheit über die Folgen einer Handlung oder Entscheidung, die in Zeiten großer Veränderungsdynamik und steigender Komplexität häufig auftritt oder besteht, legitimiert Akteure nicht, sich von Verantwortung freizusprechen. Ihnen obliegt eine Sorgfaltspflicht, sich über absehbare Folgen zu informieren und diese zu berücksichtigen (vgl. Heidbrink, 2017, S. 9). Heidbrink rekurriert für die Zurechenbarkeit von Verantwortung auf Kriterien, die bereits auf Aristoteles zurückgehen, nämlich Freiheit, Kausalität und Intentionalität, und die in konkreten Situationen und unter sich verändernden Rahmenbedingungen immer wieder abgewogen werden müssen. Der gesellschaftliche, politische oder unternehmerische Kontext und die Zugehörigkeit von Akteuren zu eben solchen Kontexten (bspw. eines Unternehmens, einer Partei oder eines Vereins) sowie persönliche Kompetenzen, Einstellungen und Rollenverständnisse können hierbei einflussnehmende Faktoren sein (vgl. Heidbrink, 2017, S. 10). Unter Berücksichtigung dieser Einflussfaktoren, lässt sich der Verantwortungsbegriff in verschiedene Arten und Formen differenzieren. In Rückgriff auf Lenk (1994) unterscheidet Heidbrink (2017, S. 10 f.) zwischen einer Handlungs(ergebnis)verantwortung, Rollen- und Aufgabenverantwortung, (universal)moralischen Verantwortung sowie einer rechtlichen Verantwortlichkeit und macht daran die Zuständigkeit für Handlungen und deren Konsequenzen deutlich. Während Zurechnungen vor allem retrospektiv erfolgen *(Ex-post-Verantwortung)*, fremdauferlegt sind, sich an Regeln orientierten und eine defizitäre Perspektive haben (in der Regel steht die Nicht-Erfüllung und Verletzung von bestimmten Erwartungen und Ansprüchen im Fokus), werden Zuständigkeiten eher prospektiv definiert *(Ex-ante-Verantwortung)* und resultieren aus der Erfüllung und Berücksichtigung unbestimmter Erwartungen und Wünsche im situativen Geschehen. Die Zuständigkeitsverantwortung beruht in einem wesentlich größeren Ausmaß

auf freiwilliger Eigenverantwortung und Selbstorganisation und bildet die Ergänzung zur Zurechnungsverantwortung. Kurzum stellen sie als übertragene und übernommene Verantwortung zwei Seiten einer Medaille dar.

> „Die Unterscheidung zwischen der Verantwortung, die jemandem übertragen wird, und der Verantwortung, die von jemandem übernommen wird, lässt sich auch als Unterscheidung zwischen passiver (reaktiver) und aktiver Verantwortung bzw. negativer und positiver Verantwortung zum Ausdruck bringen. Eine negative Verantwortung liegt vor, wenn ein Akteur für eine Handlung zur Rechenschaft gezogen wird, deren Vermeidung nicht nur wünschenswert, sondern geboten ist, während die positive Verantwortung darin besteht, dass jemand eine Handlung vollzieht, deren Ausführung nicht geboten, aber wünschenswert ist." (Heidbrink, 2017, S. 12)

2) Verantwortung als *folgenbasiertes Legitimationsprinzip* bedeutet, dass Handlungen nicht hinsichtlich ihrer erwartbaren Folgen, sondern im Ausgang solcher Folgen beurteilt werden. Auch hierbei wird berücksichtigt, dass sich Verantwortung sowohl auf vergangene (ex-post) als auch zukünftige (ex-ante) Handlungskonsequenzen beziehen kann (vgl. Heidbrink, 2017, S. 13). Die Folgen und Konsequenzen können beabsichtigt, vorhersehbar (aber unbeabsichtigt) oder auch unvorhersehbar sein. Gerade bei den beiden zuletzt genannten Klassifizierungen scheint die Frage nach der Zurechnungsfähigkeit nicht unproblematisch. Ob und inwieweit Akteure zur Rechenschaft gezogen werden können, hängt maßgeblich vom Ausmaß des Schadens und seiner tatsächlichen Vermeidbarkeit und Unvorhersehbarkeit ab. Ungewissheit und Nichtwissen sind zentrale Herausforderungen eines folgenbasierten Verantwortungsprinzips. Je komplexer und dynamischer Gesellschaften werden, desto mehr stoßen einfache Ursache-Wirkungsgefüge an ihre Grenzen. Ein Anstieg von Wissen und Information(en) innerhalb einer Gesellschaft impliziert zugleich auch einen Anstieg an Nichtwissen.

> „Die Zunahme an Ungewissheit und Nichtwissen, die typisch für funktional differenzierte und kollektiv organisierte Wissensgesellschaften ist, bildet vor allem dann ein Problem, wenn aufgrund des Unwissens von Akteuren oder Institutionen nichtintendierte Schadensfolgen für Dritte entstehen […]." (Heidbrink, 2017, S. 15)

Dabei darf jedoch nicht der Fehlschluss gezogen werden, dass Ungewissheit einem Ausbleiben oder einem Ablehnen von Verantwortung Vorschub leiste. Vielmehr hängt es entscheidend von der Art der Ungewissheit und der Zumutbarkeit, sich das notwendige Wissen über Risiken und Gefahren von Handlungsfolgen und -alternativen zu beschaffen und diese ggf. umzusetzen. Inwieweit sich Folgen legitimieren lassen, entscheidet sich in gesellschaftlichen Aushandlungs- und Abstimmungsprozessen (vgl. Heidbrink, 2017, S. 15 f.).

3) Individuelle wie organisationale Akteure stehen gleichsam vor der Herausforderung, Entscheidungen nicht nur zu treffen, sondern hinsichtlich ihrer Tragweite und Konsequenzen zu rechtfertigen. Die Suche nach Gründen für eine Entscheidung, vor dem situativen Hintergrund und bestehender normativer Bezugsrahmen, ist Grundlage der Definition von Verantwortung als *kontextualistisches Reflexionsprinzip* (vgl. Heidbrink, 2017, S. 16). Das heißt die Entscheidungsfindung beruht auf der Reflexion universeller/genereller Gründe, die sowohl moralischer als auch rechtlicher Natur sein können, und partikularer/spezifischer Gründe, die sich häufig aus der Situation und/oder der Charakteristik und Zielsetzung des Akteurs ergeben. Da divergierende Gründe einerseits die Entscheidungsfindung und andererseits die Verantwortungsübernahme oder -zuschreibung erschweren und sogar blockieren können, müssen diese auf ihre Anwendbarkeit und Geltung hin überprüft werden. Insbesondere vor dem Hintergrund verschiedener Normenvorstellungen und eines sich zunehmend ausdifferenzierenden Wertepluralismus sowie unterschiedlicher Geltungsbereiche gesellschaftlich, marktwirtschaftlich oder rechtlich definierter Regeln, können Prioritäten dabei helfen, zwischen kontextualen Bedingungen abzuwägen. An Werhane (1985) und Lenk (1998) anschließend, schlägt Heidbrink die folgende Priorisierung vor:

1) „Vorrang moralischer Rechte vor Nutzenkriterien.
2) Bei kollidierenden Rechten Suche nach Kompromissen zwischen gleichwertigen Rechten oder gleicher Berücksichtigung betroffener Personen.
3) Abwägung des geringsten Schadens für betroffene Parteien.
4) Fairness der Lastenverteilung bei Kompromisslösungen.
5) Universalmoralische Verantwortung hat in der Regel Vorrang vor Aufgaben- und Rollenverantwortung.
6) Zeitlich direkte moralische Verantwortung hat in der Regel Vorrang vor indirekter Fernverantwortung (bei gleichen Lasten).
7) Öffentliches Wohl geht individuellen nichtmoralischen Interessen voran." (Heidbrink, 2017, S. 18)

Im Zuge der gegenwärtigen Covid-19-Pandemie und der politischen sowie ethischen Auseinandersetzung mit dieser globalen und gesamtgesellschaftlichen Krise, wird die Brisanz solcher Prioritätenabwägungen deutlich. Neben Priorisierung spielt der Grad der Verpflichtung Verantwortung zu übernehmen eine weitere tragende Rolle. Diese kann aus moralisch-ethischen (apodiktisch), tatsächlichen z. B. politisch-rechtlichen (assertorisch) oder aus freiwilligen z. B. philanthropischen Gründen (problematisch) geboten sein. Unter vielfältigen und sich teilweise widersprechenden Normen, Werten und Regeln, in einem Umfeld zunehmender Ungewissheiten und Komplexität, situativ- und kontextadäquat zu entscheiden und zu handeln ist (smartes) Ziel von Verantwortung als kontextualistisches Reflexionsprinzip.

4) Nicht immer lassen sich Handlungen und Entscheidungen sowie deren Konsequenzen und Folgen auf konkrete, einzelne Akteure zurückführen. Vor allem auf einer Kollektiv-, Organisations- oder Systemebene, gerät eine eindeutige Zurechnung von Verantwortung an ihre Grenzen. Mit solchen höherstufigen Handlungsprozessen beschäftigt sich das Prinzip der Verantwortung als *Struktur- und Steuerungselement*. Verantwortung als Strukturelement meint, dass „höherstufige kollektive Prozesse (…) zu einem Auseinandertreten von Handlungssubjekten und Verantwortungssubjekten (führen), die veränderte Verfahren der Zurechnung erforderlich machen" (Heidbrink, 2017, S. 20). Die strukturelle Perspektive impliziert eine Mitverantwortung von individuellen oder kollektiven Akteuren für ihre soziale, politische, ökologische und ökonomische Umwelt, mit der sie im wechselseitigen Austausch stehen. Dies gilt auch für Organisationen und Unternehmen, die als organisierte, intentionale und entscheidungsfähige Kollektive Verantwortungsträger sein können. Werhane (1992) spricht in diesem Zusammenhang von sogenannten „sekundären moralischen Akteuren". Verantwortung lässt sich hierbei nur äußerst schwierig und unter Vorbehalten auf eine individuelle Ebene zurückführen und hängt maßgeblich von einer klaren intra und interorganisationalen Struktur (klare Zuständigkeiten, Kompetenzbereiche, Regeln, Hierarchien, Weisungsbefugnisse, Lieferketten, Kooperationsvereinbarungen, etc.) ab (vgl. Lenk & Maring, 1995, S. 276 ff.). Aus systemtheoretischer Sicht bestehen Kollektive und Organisationen aus sozialen Subsystemen, die durch komplexe Interaktions- und Kommunikationsprozesse miteinander verbunden sind (vgl. Luhmann, 1998). Systemverantwortung trägt der Autonomie und Dynamik solcher Prozesse Rechnung und „zielt auf die Ausbildung von Subsystemen mit autonomer Verantwortungsbereitschaft, indem sie die institutionelle Steuerung mit Verfahren der Selbstverpflichtung verbindet" (Heidbrink, 2017, S. 21). In dieser Weise wirkt der Verantwortungsbegriff als Steuerungselement, das Entscheidungsprozesse personalisiert und damit für ein System nutzbar macht und zugleich individuelle Akteure vor einer einseitigen Verantwortungszuschreibung schützt, indem Verantwortung an Systeme delegierbar ist (vgl. ebd., S. 21 f.).

Sämtliche Begriffserläuterungen verweisen auf das Spannungsverhältnis von Verantwortungsübernahme und Verantwortungsübertragung bzw. -zuschreibung. In beiden Fällen sollten hierzu bestimmte Voraussetzungen und Bedingungen erfüllt sein, die Heidbrink (2017, S. 23) in konditionale Bedingungen (Verantwortungszuschreibung) und generische Bedingungen (Verantwortungsübernahme) klassifiziert, und die in Abhängigkeit der jeweiligen Akteur-Ebene (Individuen, Kollektive, Systeme) variieren können.

Als konditionale Bedingungen auf individueller Ebene benennt Heidbrink die klassischen Voraussetzungen, die bereits Aristoteles zur Grundlage von Verantwortung machte: 1) Freiheit, 2) Kausalität und 3) Absichtlichkeit des Handelns sowie 4) Wissen und Bewusstsein sowohl über Handlungskonsequenzen und -folgen als auch um bestehende Normen, Werte, Rechte oder Regeln innerhalb einer Gesellschaft. Diese Bedingungen lassen sich weitgehend auch auf kollektive Ebene übertragen. Gruppen und Kollektive können demnach verantwortlich gemacht werden

1) wenn sie autonom entscheiden und handeln können und keinen externen Zwängen ausgesetzt sind (Freiheit)
2) sie Folgen einer Handlung tatsächlich verursacht haben und darauf Einfluss nehmen konnten und können (Kausalität)
3) sie durch eine gemeinsam geteilte Intentionalität gekennzeichnet sind und daher zielgerichtet und willentlich gehandelt haben (Absichtlichkeit)
4) und sie die erforderlichen Informationen aus der Umwelt beschafft und bestehende Werte und Normen berücksichtigt und diese zur Bewertungsgrundlage ihres Handelns gemacht haben (Wissen/Bewusstsein) (vgl. Heidbrink, 2017, S. 23 f.).

Auf Systemebene kommen aufgrund der komplexen und dynamischen Verfasstheit ihrer Prozesse hingegen eher strukturelle Eigenschaften zum Tragen, nämlich 1) operative Verhaltensstandards zur Orientierung bei und Reduzierung von Unsicherheit, 2) Haftungs- und Verantwortlichkeitsregeln, um sich gegenüber Verantwortungsdiffusion und Schäden abzusichern und 3) politische und zivilgesellschaftliche Kontextsteuerung, das heißt eine umweltoffene und -orientierte Anpassung auf sich verändernde (situative oder gesellschaftsordnende) Rahmenbedingungen sowie deren aktive Mitgestaltung (vgl. Heidbrink, 2017, S. 25).

Unter die generischen Bedingungen subsumiert Heidbrink 1) die Fähigkeit zur Verantwortung, 2) Verantwortungskompetenzen und 3) die Bereitschaft zur Verantwortungsübernahme. Voraussetzungsvoll für eine Verantwortungsfähigkeit ist ein Grundvermögen an ethischen und moralischen Werten, sozialen Einstellungen und gesellschaftspolitischen Interessen sowie Engagement, kurzum individuelle Akteure benötigen Motivation, Kompetenzen und Eigenschaften (z. B. Reflexivität, Solidarität, Belastbarkeit, Zuverlässigkeit, usw.) und das entsprechende Bewusstsein, um Verantwortung zu übernehmen. Die Bereitschaft hängt hierbei maßgeblich auch vom Selbstwirksamkeitsempfinden ab, das heißt das Ausmaß an empfundener Einflussnahme auf eine Handlung sowie deren Folgen bestimmt das Ausmaß an Verantwortlichkeit. Dies gilt für die kollektive Ebene gleichermaßen. Organisationen und Institutionen können durch klar geregelte Rahmenbedingungen und -ordnungen sowie die Erhöhung von Einfluss- und Partizipationsmöglichkeiten auf und an der Organisationsgestaltung Anreize und Strukturen schaffen, die die Bereitschaft zur Verantwortungsübernahme positiv und nachhaltig beeinflussen. Gerade für eine glaubhafte und langfristig erfolgreiche gesellschaftliche Unternehmensverantwortung (Corporate Social Responsibility, CSR) ist der Aspekt der organisationalen Einbindung und Förderung nicht zu unterschätzen.

Globale und lokale Veränderungsprozesse, darunter auch Krisen wie die gegenwärtige Covid-19 Pandemie, tragen dazu bei, dass – vormals interne – Entscheidungen und Handlungen von Organisationen und Akteuren in Politik, Wirtschaft oder dem Gesundheits- und Sozialwesen zunehmend transparenter und in der Öffentlichkeit ausgetragen werden. Erwartungsdruck und Legitimationszwang sind für Organisationen dementsprechend hoch. Die aufgezeigten Begriffserläuterungen und Bedingungen von Verantwortung machen deutlich, dass die Auseinandersetzung mit Corporate Social Responsiblity auch und gerade normative und moralische Fragen und Themen tangiert und dementsprechend nicht ohne eine ethisch-normative Perspektive auf selbige auskommt.

2.2 Normative Grundlagen und Hintergründe von Unternehmensverantwortung

Während sozialwissenschaftliche Auseinandersetzungen mit Corporate Social Responsibility eher deskriptiv veranlagt und um theoretische Fundierung und Schließung empirischer Forschungslücken bemüht sind, wird die Debatte im öffentlichen und politischen Raum umso intensiver und normativ aufgeladen geführt (vgl. Neuhäuser, 2017; Polterauer, 2018). Aber auch im wissenschaftlichen Diskurs und konzeptionellen Grundlegungen um/von Corporate Social Responsibility kommen normative Perspektiven – meist implizit – zum Tragen. Ein Blick auf die Entwicklung und zentrale Modelle von CSR sollen dies im Folgenden explizieren.

Zu Beginn der zweiten Hälfte des 20. Jahrhunderts entsteht das Konzept der Corporate Social Responsibility. Als Startpunkt der wissenschaftlichen Auseinandersetzung mit CSR gilt die in den USA veröffentlichte Publikation „Social responsibilities of the businessman" von Howard R. Bowen (1953). Er stellt die Frage, ob und inwieweit Unternehmen, aufgrund ihrer Einflussnahme auf gesellschaftliche (Teil-)Bereiche, verpflichtet sind, die Konsequenzen für ihre Entscheidungen und Handlungen zu tragen (zu verantworten). In den 1960er Jahren verlagert sich der Fokus auf eine genauere Definition und Eingrenzung von CSR, wobei vor allem die Einflussmöglichkeiten, eine über das Kerngeschäft hinausreichende Verantwortung und das Verhältnis zwischen Verantwortung und Macht relevant erschienen. Nach dieser Phase der Differenzierung, werden in den 1970er Jahren die ersten empirischen Untersuchungen umgesetzt und die Ansicht, dass Unternehmen ihr Verhältnis zur Gesellschaft aktiv (mit-)gestalten können, woraus Rechte, Pflichten und Erwartungen resultieren, wird konsensfähig. Dies bildet zugleich den historischen Grundstein der modernen Stakeholder-Theorie. In den 1980er und 1990er Jahren wird die naturwissenschaftliche, ökologische Dimension bei der Entwicklung gesellschaftlicher Organisationen zunehmend bedeutsamer, ethische Aspekte halten vermehrt Einzug in zentrale Unternehmensentscheidungen und die Vormachtstellung einzelner Unternehmen wird relativiert (vgl. Loew et al., 2004, S. 19 ff.). In Europa entwickelt sich seit Mitte der 1990er Jahre, im Zusammenhang mit Debatten um Nachhaltigkeit bzw. nachhaltige Entwicklung, ein Verständnis von der Bedeutung gesellschaftlicher Verantwortung von Organisationen und Unternehmen (vgl. Hentze & Thies, 2012, S. 78). Die erste grundlegende Publikation zu CSR in Europa ist das 2001 von der Europäischen Kommission veröffentlichte Grünbuch „Promoting a European Framework for Corporate Social Responsibility" (vgl. Loew et al., 2004, S. 24). Hieraus entstammt die bis heute weit beachtete Definition, nach der CSR verstanden wird

„[...] als ein Konzept, das den Unternehmen als Grundlage dient, auf freiwilliger Basis soziale Belange und Umweltbelange in ihre Unternehmenstätigkeit, und in die Wechselbeziehungen mit den Stakeholdern zu integrieren." (Europäische Kommission, 2001, S. 7)

Die Europäische Kommission entwirft damit ein integriertes Unternehmenskonzept, welches auf drei zentralen Aspekten basiert, 1) der Freiwilligkeit Corporate Social Responsibility umzusetzen, 2) der Beachtung von Wechselbeziehungen mit den Stakeholdern sowie 3) der Berücksichtigung und Integration sozialer Belange und Umweltbelange in die eigene (ökonomische) Unternehmenstätigkeit. Im Zuge der EU-Strategie von 2011 bis 2014 hat die Europäische Kommission in einer Mitteilung vom Oktober 2011 diese Definition noch einmal überarbeitet, vereinfacht und Verständnis von gesellschaftlicher Unternehmensverantwortung bis heute geprägt (vgl. Hentze & Thies, 2012, S. 86). Demnach mein Corporate Social Responsibility „die Verantwortung von Unternehmen für ihre Auswirkungen auf die Gesellschaft" (Europäische Kommission, 2011, S. 7). Um einer solchen Verantwortung gerecht werden zu können, sollen sich Unternehmen Verfahren bedienen, die dazu beitragen, soziale, ökologische, ethische, Menschenrechts- und Verbraucherbelange, im Austausch mit unternehmensrelevanten Stakeholdern, in Führung und Strategie eines Unternehmens zu integrieren. Dadurch soll ein gemeinsam geschaffener Wertekanon von Unternehmen, Stakeholdern und Gesellschaft geschaffen bzw. optimiert werden, um negative Entwicklungen frühzeitig identifizieren und verhindern zu können (vgl. Europäische Kommission, 2011, S. 7). Im Vergleich zu der Kommissionsmitteilung von 2001 finden die Freiwilligkeit und Nachhaltigkeitsdimensionen Ökologie, Ökonomie und Soziales keine bis kaum mehr Erwähnung. Stattdessen geraten ethische Themen, wie bspw. Schutz der Menschenrechte, mehr in den Blick. Diese finden auch Ausdruck in definierten Standards und Leitfäden gesellschaftlicher Unternehmensverantwortung, wie zum Beispiel die ISO 26000, die (Corporate) Social Responsibility definiert als

„[…] Verantwortung einer Organisation für die Auswirkungen ihrer Entscheidungen und Aktivitäten auf die Gesellschaft und die Umwelt durch transparentes und ethisches Verhalten, das zur nachhaltigen Entwicklung, Gesundheit und Gemeinwohl eingeschlossen, beiträgt, die Erwartungen der Anspruchsgruppen berücksichtigt, anwendbares Recht einhält und im Einklang mit internationalen Verhaltensstandards steht, in der gesamten Organisation integriert ist und in ihren Beziehungen gelebt wird." (BMAS, 2011, S. 3)

Die Definitionen der Europäischen Kommission (2001, 2011), in Ergänzung solcher Kriterienkataloge und Standards, bilden weitgehend die Grundlage des gegenwärtigen Verständnisses von CSR. Insbesondere die Anfänge von CSR waren von ökonomischen Bestrebungen geprägt und folgten damit eher einer deskriptiven Sicht auf das Konzept, mit dem Ziel einen größtmöglichen Nutzen daraus zu beziehen. Versuche einen sogenannten business case für CSR zu entwerfen, d. h. gesellschaftliche Unternehmensverantwortung als zweckgerichtete und profitorientierte Gewinnmaximierung und -optimierung zu verstehen, entbehren bis heute jedoch einer eindeutigen empirischen Evidenz. Die ökonomische Perspektive rückt CSR in eine unmittelbare Nähe zum Reputationsmanagement (Marketing) und Krisenmanagement. Vorrangige Ziele sind hierbei die Abwendung von Unternehmensgefahren und das Erreichen einer höheren Kundenbindung und -gewinnung, indem sich Unternehmen als verantwortungsvolle und integre Akteure auf einem konkurrierenden Markt platzieren. CSR als business case stellt damit gesellschaftliche Unternehmensverantwortung in ein unmittelbares (Abhängigkeits-)Verhältnis zur Konsumentenverantwortung (vgl. Neuhäuser, 2017, S. 767). Dass der business case, als wirtschaftliche Begründung gesellschaftlicher Unternehmensverantwortung, auch positive Chancen und Tendenzen für eine nachhaltige Entwicklung bieten kann, zeigen neuere Beiträge hierzu auf (vgl. hierzu z. B. Schaltegger, 2018).

Konzeptuelle Offenheit und eine noch unzureichende Theoriebildung tragen dazu bei, dass zahlreiche andere Konzepte im Laufe der Zeit entwickelt worden, die Unternehmensverantwortung zu erfassen und zu entwickeln versuchen. Bekannte Beispiele hierfür sind Corporate Governance, Corporate Citizenship, nachhaltige Unternehmen oder Postwachstumsunternehmen, die nicht selten synonym verwendet werden (vgl. Schneider, 2015, S. 21). Dies bleibt auch für den Unternehmensalltag nicht folgenlos, wo divergierende, regional und kulturell geprägte Auffassungen von CSR kollidieren. Mit anderen Worten es existiert eine nahezu unüberschaubare Anzahl verschiedener, interessensabhängiger Standpunkte, Paradigmen und Ansichten dazu, wie ein gesellschaftlich verantwortungsvolles Verhalten in Unternehmen aussehen und gestaltet werden kann (vgl. Schneider, 2015, S. 22). Die Konzepte können sich in ihrem normativen Gehalt und Anspruch dabei erheblich unterscheiden. Aufgrund ihrer Verbreitung und Anwendung (sowohl in Wissenschaft als auch Praxis) stellen Corporate Social Responsibility und Corporate Citizenship die beiden bekanntesten Konzepte gesellschaftlicher Unternehmensverantwortung dar (vgl. hierzu z. B. Polterauer, 2010, S. 203; Alemann, 2015, S. 66) und werden häufig nicht ausreichend differenziert (vgl. Loew et al., 2004, S. 10). Gemäß der oben aufgeführten Definition der Europäischen Kommission (2011) werden unter Corporate Social Responsibility sämtliche Maßnahmen eines Unternehmens subsumiert, die aus ihrer Verantwortungspflicht gegenüber der Gesellschaft für die Auswirkungen ihrer Geschäftstätigkeit hervorgehen (vgl. Europäische Kommission, 2011, S. 7). Corporate Citizenship bezeichnet hingegen das Engagement einer Organisation, gesellschaftliche Probleme und Herausforderungen zu lösen oder zumindest zur Lösung beizutragen, die über die eigentliche Geschäftstätigkeit hinausgeht und sich in der Regel auf das unmittelbare lokale Umfeld bezieht. Unternehmen

gleichen dann einem guten Bürger (Citizen), der sich für das Gemeinwohl ein-
setzt und mit anderen (gemeinnützigen) Organisationen kooperiert, um in eigens
gewählten Feldern und Branchen einen freiwilligen und kontinuierlichen Beitrag
zu leisten. Unternehmen verfolgen für gewöhnlich mit einem solchen Engagement eigennützige Ziele und nutzen dementsprechend Spendenzahlungen und
Sponsoring, aber auch Gründungen gemeinnütziger Unternehmensstiftungen, um
gesellschaftliche Entwicklungs- und Veränderungsprozesse sowie die öffentliche Meinung mitzugestalten (vgl. Backhaus-Maul et al., 2010, S. 23; Alemann,
2015, S. 66). Curbach (2009) bezeichnet eine solche Ausrichtung von Corporate
Citizenship als instrumentelles Verständnis, wonach Unternehmen strategische
Investitionen in unmittelbares, lokales Umfeld tätigen – auch hier wird die Nähe
zum Risikomanagement deutlich – um Profite und Erfolge dauerhaft zu sichern
(vgl. Curbach, 2009, S. 21). Da ein solches Engagement sowohl einer Gesellschaft, oder zumindest Teilgruppen, als auch einem Unternehmen zu Gute kommt,
gilt dies – insbesondere aus wirtschaftswissenschaftlicher Perspektive – als Win–
Win-Situation (vgl. hierzu z. B. Seitz, 2002). Hier zeigen sich Parallelen zum
business case für CSR. Das Konzept der Corporate Citizenship ist in seiner
Grundausrichtung normativer, da er auf einen umfassenden unternehmerischen
und politischen Bürgerstatus verweist, der insbesondere dann relevant wird, wenn
staatliche Regulierung und Steuerung zurücktreten und Unternehmen soziale und
politische Ordnung auf regionaler, nationaler und/oder internationaler Ebene aktiv
mitgestalten (vgl. Curbach, 2009, S. 22 f.). Beide Konzepte stimmen darin über-
ein, dass Unternehmen mit ihrer Hilfe versuchen gesellschaftliche Legitimation
herzustellen, auszubauen und zu verstetigen, um ökonomische Effizienz zu steigern und das eigene Überleben zu sichern (vgl. Alemann, 2015, S. 66). Diverse
Konzepte, die sich teilweise erheblich, oftmals aber nur graduell unterscheiden,
sowie der ausbaufähige Stand an Theoriebildung und empirischer Studien, tragen
nicht zuletzt zu einer normativen Prägung des CSR-Diskurses bei.

„In den resultierenden CSR-Verständnissen wird CSR als Konzept, Konstrukt oder
Theorie oder auch als Forschungsfeld (Lockett et al., 2006) deklariert und aus einer
Vielzahl von Perspektiven, Disziplinen und ideologischen Denkgebäuden betrachtet.
Die vielfältigen Bemühungen, CSR vor dem Hintergrund konfligierender, aber kon-
sensual anerkannter Theoriegebäude zu verorten, deuten jedoch nicht nur auf eine
stärkere Theorieorientierung hin, sondern auch auf einen gewissen Eklektizismus und
eher implizitere denn explizite Normativität in der Wissenschaft. Normativen, von
einer politischen Rolle von Unternehmen in der Gesellschaft ausgehenden Positionen, stehen hier organisationszentrierte, auf den finanziellen Effekt allein ausgerichtete
Sichtweisen (Reputation, Gewinn, etc.) vielfach diametral gegenüber." (Schultz, 2011,
S. 36)

Diese implizite Normativität illustriert Neuhäuser (2017) an der bekannten CSR-Systematik von Carroll (1979), der Unternehmensverantwortung in vier aufeinander aufbauenden Kategorien unterscheidet und diese in einem Pyramidenmodell anordnet: eine ökonomische, rechtliche, ethische und philanthropische Verantwortung. Ökonomische und rechtliche Verantwortung stellen die beiden unteren Ebenen der Pyramide dar und sind im Sinne der Wirtschaftlichkeit und gesetzlichen Legitimität die Voraussetzung für sämtliche Aktivitäten eines Unternehmens, so auch für gesellschaftlich verantwortungsvolles Entscheiden und Handeln. Ethische Verantwortung ist nicht gesetzlich reguliert, sondern resultiert aus einer moralischen Verpflichtung gegenüber der Gesellschaft und ihren Erwartungen an Unternehmen das „Richtige" zu tun. Zuletzt meint philanthropische Verantwortung das freiwillige Engagement, d. h. aus karitativen Beweggründen, Leistungen für das öffentliche Gemeinwohl zu erbringen (vgl. Verfürth, 2016, S. 32 f.). Die folgende Abbildung (Abb. 2.1) verdeutlicht noch einmal das Modell von Carroll.

Bei der ökonomischen und rechtlichen Verantwortung stellen sich, Neuhäuser (2017) zufolge, normative Grundfragen. Zum Beispiel ob und inwieweit unternehmerisches Engagement für eine nachhaltige Entwicklung (bspw. durch die Umstellung auf eine Postwachstumsökonomie) Teil ökonomischer Verantwortung ist. Zwar hegen Unternehmen ein nachvollziehbares Interesse an einem langfristigen Fortbestand eines stabilen und konkurrenzfähigen Marktes, doch inwieweit sie bereit sind, ihre unternehmenseigene ökonomische Verantwortung

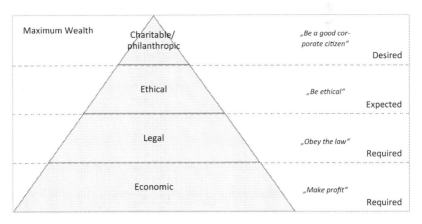

Abb. 2.1 Ebenen der CSR-Verantwortung nach Carroll. (Quelle: Loew et al. 2004, S. 21 in Anlehnung an Carroll & Buchholtz 2003)

und kurzfristige Interessen und Ziele (bspw. schnelle Gewinnmaximierung und -ausschüttung) dem unterzuordnen, bleibt offen (vgl. Neuhäuser, 2017, S. 775 f.). Spannungsverhältnisse zwischen ökonomischer Profitorientierung und Gemeinwohlorientierung sind für manche Branchen und Berufsgruppen, zum Beispiel das Gesundheits- und Sozialwesen, nicht zuletzt auch im Zuge staatlicher Eingriffe und gesetzlicher Regulierungen in den vergangenen Jahren, geradezu konstitutiv (geworden). Aber auch die gegenwärtige Coronakrise zeigt, dass eine ökonomische Verantwortung, im Sinne der Sicherung von eigener Wirtschaftlichkeit, um Arbeitsplätze und Existenzen zu erhalten, mit einer gesamtgesellschaftlichen Verantwortung (Schutz der Gesundheit und Unversehrtheit eines jeden Menschen) massiv in Konflikt geraten kann. Die rechtliche Verantwortung von Organisationen gerät dann kritisch in den Blick, wenn diese selbst Einfluss auf den Gesetzgebungsprozess ausüben können. Parteispenden, Honorare für Referententätigkeiten und Gutachten, Positionen in Aufsichtsräten oder eine direkte Anstellung ehemaliger Politiker sind nur wenige Beispiele für potenzielle Einflussmöglichkeiten von Unternehmen, die in der Öffentlichkeit kontrovers diskutiert und nicht selten als illegitime Methoden bewertet und verurteilt werden. Gravierende Reputationsschäden für Unternehmen und Parteien können die Folge davon sein. Die Beteiligung an Gesetzgebungsprozessen hat durchaus aber auch ihre Vorteile, da Unternehmen eine zusätzliche Expertise miteinbringen können, die „ein reibungsloseres Wirtschaften, bessere Sicherheitsvorkehrungen und derartige Dinge ermöglichen" (Neuhäuser, 2017, S. 775). Wie hier bereits deutlich wird, sieht Neuhäuser in der politischen Dimension einen nicht zu unterschätzenden Aspekt im Kontext der Unternehmensverantwortung, daher erweitert er das Modell von Carroll um die politische Verantwortung. Insbesondere das Konzept der Corporate Citizenship verweist auf die politische und soziale Macht von Unternehmen, die zunehmend Regierungsaufgaben übernehmen oder auf politische Prozesse und Aufgaben Einfluss nehmen und sich daran beteiligen (vgl. Neuhäuser, 2017, S. 776). Dabei darf jedoch nicht der Eindruck entstehen, dass Parteispenden mit unternehmerischen Eigenzwecken der Idee politischer Verantwortung gerecht würden.

„Es bedarf offensichtlich eines externen moralischen Maßstabes, um beurteilen zu können, worin die politische Verantwortung von Unternehmen besteht und wo sie ihre Grenzen besitzt. Ansonsten wäre die politische Verantwortung nichts anderes als der Versuch, seine Macht zu erhalten und zu vermehren. Das scheint damit aber nicht gemeint zu sein. Also bedarf die politische Verantwortung von Unternehmen, beispielsweise für eine Beteiligung an der Gesetzgebung, sowohl einer moralischen Legitimation als auch einer moralischen Begrenzung." (Neuhäuser, 2017, S. 777)

Ein solcher moralischer Rahmen gilt für eine ökonomische und rechtliche Verantwortung gleichermaßen. So zeigt sich, dass gerade die Wertung darüber, ob ein Unternehmen verantwortungsvoll handelt, in der Regel normativ geprägt ist und zugleich auch Gegenstand deskriptiver sozialwissenschaftlicher Forschung sein kann, indem bspw. das jeweilige Verständnis von oder Einstellung gegenüber CSR untersucht wird. Wenngleich die moralischen, normativen Grundlagen von CSR in der Vergangenheit – und teilweise auch gegenwärtig noch – nicht ausreichend reflektiert und erforscht wurden, scheint die Relevanz einer stärkeren normativen Theoriebildung im Kontext gesellschaftlicher Unternehmensverantwortung unbestreitbar, um ihrer vermeintlichen konzeptuellen Beliebigkeit und überhöhten Selbstzuschreibungen von Akteuren vorzubeugen (vgl. Neuhäuser, 2017, S. 771 ff.). Neuhäuser sieht in solchen Forschungsdefiziten und der starken Akzentuierung von Freiwilligkeit die Problematik bei der Ermittlung und Bewertung von Unternehmensverantwortung, da häufig der Fehlschluss gezogen würde, dass eine freiwillige Verantwortungsübernahme gleichsam dazu führe, dass Organisationen die alleinige Definitionsmacht darüber besäßen, worin diese Verantwortung bestünde (vgl. Neuhäuser, 2017, S. 772 f.). Als mögliches normativ-ethisches Fundament führt er 1) *die ökonomische Ethik,* 2) *die integrative Wirtschaftsethik* und 3) *die Governanceethik* an, die im Folgenden kurz gegenübergestellt werden.

1) Nach der ökonomischen Ethik „haben auch eigeninteressierte Akteure ein Interesse daran, eine stabile Wirtschaftsordnung zu schaffen, die zum wechselseitigen Vorteil aller Beteiligten dient. […] Die vordringliche ethische Verantwortung von Unternehmen beschränkt sich jedoch darauf, sich an die Vorgaben einer Ordnung zu halten und vielleicht noch darauf, sie aktiv mitzugestalten. Eine sekundäre Verantwortung kann Unternehmen immer dann zukommen, wenn der Ordnungsrahmen unvollständig bleibt und es zu Phänomenen des Marktversagens kommt." (Neuhäuser, 2017, S. 778)

2) Die integrative Wirtschaftsethik „geht davon aus, dass Wirtschaftsakteure als vernünftige Akteure nicht bloß eigeninteressiert sind. Vielmehr sind sie in der Lage, ihre Präferenzen auf der Grundlage derjenigen vernünftigen Gründe zu revidieren, die sich im öffentlichen Diskurs als die ethisch gewichtigeren erwiesen haben. Das gilt ebenfalls für Unternehmen bzw. ihre Manager/innen. Daher können Unternehmen auch moralisch verantwortlich handeln. Allerdings müssen sie so umstrukturiert werden, dass innerhalb der Unternehmen wirkungsmächtige vernünftige Diskurse möglich werden. Außerdem besteht das Problem, dass die Kosten für moralisches handeln besonders hoch sein können, wenn andere Akteure nicht ebenfalls neigen. sDann kommt es zu

Phänomenen der Vorteilsnahme und es entstehen Sachzwänge." (Neuhäuser, 2017, S. 778)

3) Die Governanceethik „geht von tugendethischen Überlegungen aus und versucht, sie mit systemtheoretischen Ansätzen zu verbinden. Sie unterscheidet sich von den anderen wirtschaftsethischen Ansätzen dadurch, dass sie viel stärker als diese auf innere Prozesse und Strukturen in Unternehmen fokussiert. Eine Anpassung der Organisationsstrukturen ist zentral, um nach innen und außen hin verantwortlich auftreten zu können. […] In der antiken Tugendethik gibt es einen klaren Gemeinschaftsbezug und sie beruht auf der für selbstverständlich gehaltenen Annahme einer geteilten Vorstellung vom guten Leben. Moderne Tugendethiken müssen entweder auch von einem solchen Bezug auf eine geteilte Vorstellung vom guten Leben ausgehen oder eine andere Grundlegung für ihre Tugendlehre finden, die oft in einer Verbindung mit pflichtenethischen Ansätzen gesucht wird." (Neuhäuser, 2017, S. 779)

Auch wenn sozialwissenschaftliche Auseinandersetzungen mit Corporate Social Responsibility vorrangig deskriptiv ausgerichtet ist, macht der implizite normative Charakter dieses und verwandter Konzepte deutlich, insbesondere in Bezug auf die Bewertung und Beurteilung gesellschaftlicher Unternehmensverantwortung, dass eine ethisch-moralische Perspektive nicht außenvorgelassen werden kann. Vor allem angesichts eines sich zunehmend ausdifferenzierenden Wertepluralismus, mit individuellen Lebens- und Arbeitsentwürfen, bliebe eine Unternehmensverantwortung, die das Ziel einer nachhaltigen Entwicklung und zukunftsfähigen Gesellschaft verfolgt, andernfalls weit hinter ihren Möglichkeiten und Anliegen zurück.

Zwischenfazit – Gesellschaftliche Unternehmensverantwortung als interdisziplinäre und multiprofessionelle Aufgabe und Phänomen

Trotz ihrer stetig wachsenden Bedeutung in Gesellschaft und Wissenschaft hat sich bisher noch keine eigenständige CSR- oder Nachhaltigkeits-Profession bzw. Disziplin herausbilden können. Angesichts der vielfältigen Themengebiete und Akteure, die durch solche hochkomplexen und normativ aufgeladenen Phänomene, wie Verantwortung, tangiert werden, scheint eine konsensfähige theoretische Fundierung und eindeutige Disziplinzuweisung gesellschaftlicher Unternehmensverantwortung auch eher unwahrscheinlich bis unmöglich.

Dies lässt sich u. a. an dem mit ihr im Zusammenhang stehenden Konzept von Nachhaltigkeit bzw. nachhaltiger Entwicklung veranschaulichen, für die bis heute – auch trotz ihrer polarisierenden Wirkung und medialen Aufmerksamkeit – keine konsistente, integrierte theoretische Fundierung vorliegt (vgl. Baumast & Pape, 2013, S. 27). Im Zuge der sich in der Öffentlichkeit vollziehenden Sensibilisierung für die Wechselwirkungen zwischen Gesellschaft und Umwelt, entsteht erstmals in den 1990er Jahren eine interdisziplinäre Forschung zum globalen Wandel, die neben naturwissenschaftlichen Perspektiven auch sozialwissenschaftliche Einflüsse mitberücksichtigt (vgl. Michelsen & Adomßent, 2014, S. 40). Konkrete theoretische Beiträge stammen beispielsweise aus dem inter beziehungsweise transdisziplinären Wissenschaftsfeld der Ökologischen Ökonomie, nach der u. a. ein unbegrenztes materielles Wachstum physikalisch nicht begründbar und Ökonomie ohne die Funktions- sowie Reproduktionsfähigkeit der Natur nicht überlebensfähig sei (vgl. Rogall, 2008). An Stelle der Ökologischen Ökonomie tritt seit einigen Jahren eher die Vorstellung der Postwachstumsökonomie.

Interdisziplinarität und Transdisziplinarität sind nur zwei Beispiele der Vielfalt möglicher Differenzierungen, mit denen sich Grad und Ausmaß der Vernetzung und Kooperation zwischen Disziplinen und Praxisfeldern beschreiben lassen. Während Interdisziplinarität für eine gemeinsame, arbeitsteilige, kooperative und

K. Keller und M. F. Müller, *CSR-Weiterbildung: Zwischen Wissen, Erfahrung und Haltung,* essentials, https://doi.org/10.1007/978-3-658-34902-8_3

integrative Bearbeitung eines Problems steht (Disziplinäre Unterschiede, Identitäten und Spezialisierungen bleiben hierbei erhalten), beschreibt Transdisziplinarität eine langfristige, disziplinübergreifende und -auflösende Kooperation. Das heißt hierbei lösen sich die beteiligten Disziplinen auf und verbinden sich sozial, organisatorisch und institutionell zu einer neuen übergreifenden Disziplin bzw. einem Forschungszweig (vgl. Krickhahn & Rennert, 2018, S. 23).

Jahn (2008) definiert transdisziplinäre Forschung nicht als Auflösung disziplinärer Unterschiede, sondern als gemeinsamer, reflexiv verlaufender Erkenntnis- und Lernprozess zwischen Gesellschaft und Wissenschaft, der sich insbesondere bei komplexen Frage- und Problemstellungen als ertragreich erweist. Aus beiden Definitionsansätzen folgt für die Nachhaltigkeitswissenschaft und -forschung, dass diese weniger als eigenständige Disziplin als vielmehr als eine Art Arena oder Forum verstanden wird, „in which science, practice and visions meet with contributions from the whole spectrum of the natural science, economics and social science" (Martens, 2006, S. 38). Da der Fokus hierbei auf Innovation und Transformation lebensweltlicher Problematiken liegt, ist die Partizipation von Akteuren verschiedener gesellschaftlicher und wissenschaftlicher Bereiche unerlässlich, um zu einer Zusammenführung des Wissens und damit problemadäquaten Lösungen zu kommen. Multiperspektivität und Interdisziplinarität sind relevante Prinzipien, um komplexe Forschungsgegenstände, wie sie im Kontext von Nachhaltigkeit nicht unüblich sind, bearbeiten zu können (vgl. Martens, 2006; Kemp & Martens, 2007). Integrative Ansätze scheinen zu einer Stärkung gesellschaftlichen Handlungsvermögens beitragen zu können, indem subjektive Wahrnehmungen von Problemen gestärkt, Restriktionen abgebaut und innovative Optionen sowie Arbeitsformen gefördert werden, wodurch unlösbar erscheinende Probleme innerhalb der Gesellschaft bewältigbar werden (vgl. Michelsen & Adomßent, 2014, S. 50). Gerade in interdisziplinären Feldern verlaufen akademische Traditionsbildungen und Institutionalisierungen eher schleppend. Mangelnde wissenschaftliche Anerkennung und Etablierung – und damit einhergehend auch erhebliche Schwierigkeiten bei der Förderung von (Forschungs-)Projekten – können die Folge sein (vgl. Michelsen & Adomßent, 2014, S. 51). Darüber hinaus erweist sich die Evaluierung inter und vor allem transdisziplinärer Forschung schwierig, da quantitative Faktoren in der Regel nicht ausreichen und komplexe, multikriterielle Bewertungsverfahren entworfen werden müssen, die zugleich auch wiederum einen integrativ wirkenden Charakter aufweisen (vgl. Bergmann et al., 2010, S. 88 ff.).

Dynamiken, Spannungen und Herausforderungen, mit denen das Wissenschafts- und Praxisfeld der Nachhaltigkeit konfrontiert ist, sind auch für CSR konstitutiv. Dies gilt vor allem vor dem Hintergrund der gesellschaftlichen, wirtschaftlichen und technologischen Entwicklung, die die Konzentration auf singuläre, disziplinbezogene Einzelbetrachtungen zunehmend komplexer werdender Problemlagen obsolet werden lässt. Es wäre jedoch ein fataler Fehlschluss, die Unterschiede und Diversität von Disziplinen nivellieren zu wollen, da es gerade für den Umgang mit hochkomplexen, vielschichten Problemen spezialisierte und spezifische Perspektiven braucht.

> „Keine Frage, Spezialisierung ist notwendig und wichtig. Ohne die hochselektiven und disziplinären Erkenntnis- und Wissensscheinwerfer lässt sich die Komplexität der Probleme der Welt nicht reduzieren und in einen bearbeitbaren Zustand überführen. Durch diese Selektivität wächst jedoch das Risiko von zwar unbeabsichtigten, aber dennoch zweifelhaften und nicht hinlänglichen Lösungen hinsichtlich einer befriedigenden Gesamtlösung. Es bedarf daher zusätzlich zum elementaren Detailansatz der Spezialisierung der ganzheitlichen Einordnung des Spezifischen." (Krickhahn & Rennert, 2018, S. 22)

Universitäten, Forschungs-/Weiterbildungseinrichtungen, Akademien und Organisationen sind daher herausgefordert, zukünftig mehr denn je interdisziplinäre Lehr- und Lernprozesse sowie eine multiprofessionelle Zusammenarbeit zu fördern, ohne dabei ihre spezifischen Perspektiven und Herangehensweisen vollständig auflösen, um innovative und verantwortungsvolle Lösungskonzepte zu entwerfen.

> „Die Vielfalt der involvierten Sachverhalte legt vielmehr eine interdisziplinäre Multiperspektivität auf die ineinander verwobenen und interdependenten Problemlagen und -ursachen hinsichtlich möglicher Lösungsansätze nahe." (Krickhahn & Rennert, 2018, S. 19f.)

Neben den ‚involvierten Sachverhalten' spielt die normative Grundlage von CSR eine entscheidende Rolle für die Notwendigkeit einer „interdisziplinären Multiperspektivität" (Krickhahn & Rennert, 2018, S. 19 ff.). Wie aufgezeigt werden konnte vollzieht sich gesellschaftliche Unternehmensverantwortung immer im Rahmen ethischer und moralischer Grundfragen und Grundsätze und steht mit diesen in einer wechselseitigen Beziehung. Das heißt im Umkehrschluss, dass sich solche gesellschaftlich und/oder rechtlich definierten und sich kontinuierlich entwickelnden Normen und Werte stets auf einen inhaltlichen und praktischen Gegenstand(sbereich) beziehen, der von der jeweiligen Disziplin definiert und zugrunde gelegt wird. Ethisch-moralische Reflexionen zu verantwortungsvollen Entscheidungen und Handlungen in Unternehmen, „auf der Basis der in den einzelnen Disziplinen vermittelten Erkenntnisse sind insofern immer schon auf Interdisziplinarität angelegt" (Krickhahn & Rennert, 2018, S. 22). Die Vorteile interdisziplinärer Zusammenarbeit und Forschung sind u. a. darin begründet, dass hieraus ein größeres Verständnis für und zwischen den verschiedenen Disziplinen und ein tief greifendes, realistisches und ganzheitliches Problemerkennen und -bearbeiten entstehen kann, was zu einer Erweiterung des individuellen und organisationalen Handlungsrepertoires und -potenzials beitragen kann. Darüber hinaus können Vernetzung und Kooperation die Innovationsfähigkeit von Akteuren steigern und zur Integration disziplinärer Wissensbestände und Forschungsergebnisse in einen holistischen Erkenntniskanon und zu einer Systemperspektive beitragen (vgl. Krickhahn & Rennert, 2018, S. 23 f.).

> „Vor allem durch interdisziplinäre Kooperation wird eine Integration von Lösungsansätzen erreicht, was der Komplexität vieler heutiger Problemstellungen besser entsprechen kann als es in der Regel monodisziplinären Ansätzen in Forschung und Lehre möglich ist." (Krickhahn & Rennert, 2018, S. 24)

Für Implementierungsstrategien von CSR scheint es daher unerlässlich Interdisziplinarität und Multiperspektivität zum Ausgang konkreter Maßnahmen zu machen. Die Autoren halten dies auch für die Gestaltung und Umsetzung der CSR-Weiterbildung, als eine mögliche Implementierungsstrategie, für voraussetzungsvoll. Für eine langfristig wirksame, d. h. nachhaltige, gesellschaftliche Unternehmensverantwortung, die auch ihren ethisch-moralischen Implikationen gerecht werden kann und zugleich offen gegenüber Veränderungsprozessen der Umwelt ist, bedarf es struktureller und kultureller Rahmenbedingungen gleichermaßen, die den Austausch von Wissen und Erfahrungen ermöglichen sowie fördern und zugleich die Entwicklung einer entsprechenden Haltung ermöglichen. Kurzum eine Lernkultur als Näherboden, in der CSR wachsen und sich entfalten kann.

Rahmenbedingungen gesellschaftlicher Unternehmensverantwortung

4

In nahezu allen Organisationen wird, im Sinne einer Corporate Social Responsibility, der Anspruch an ein einfühlsames, werteorientiertes und wohlwollendes Miteinander gestellt, das das Ziel hat Menschen zu motivieren und zu unterstützen. Ziel wirksamer Leistungspotenziale einer Organisation ist es durch spezifische Werte im Verhalten des Einzelnen auszudrücken und in das kollektive Potenzial zu integrieren. Die durch Visionen an die Organisationsmitglieder transportierte Transparenz impliziter wie expliziter Verhaltenserwartungen scheint zur Identifikation, Motivation und Eigenverantwortlichkeit und Partizipation von Mitarbeitenden beizutragen. Vorausgesetzt wird, dass eine Transparenz nicht alleine auf Ebene eines statischen Papierstücks verweilt, sondern durch aktives (Vor-)leben im Führungsverhalten von Führungskräften des organisationalen Managements verkörpert wird. An dieser Stelle gilt es noch einmal die Zusammenhänge von Corporate Social Responsibility, Nachhaltigkeit sowie Strategie, Führung, Wissen, Werten und Kultur näher zu betrachten.

„Nachhaltigkeit bedeutet, die Bedürfnisse der Menschen heute zu befriedigen, ohne die Bedürfnisbefriedigung künftiger Generationen zu gefährden" (Hauff, 1987, S. 46). Demnach kann unter Corporate Social Responsibility die gesellschaftliche Verantwortung von Organisationen als Teil des nachhaltigen Wirtschaftens verstanden werden. Der Fachbegriff ist international in Organisationen, Verbänden, Politik sowie Interessensgruppen etabliert – jedoch gibt es unterschiedliche Definitionsversuche und vielfach wird er nach eigenem Ermessen ausgelegt. CSR betrifft oftmals das Geschäftsmodell, das durch Globalisierung ökonomischen, sozialen und ökologischen Einfluss auf das Geschehen hat. Verdeutlicht werden kann gesellschaftliche Verantwortung von Unternehmen mit der folgenden Grafik (Abb. 4.1), die nicht den Anspruch auf Vollständigkeit hat.

Abb. 4.1 Themenfelder verantwortlicher Unternehmensführung. (Quelle: Schmidpeter, 2015, S. 142)

Verdeutlicht wird in dieser Darstellung, dass Führung sowie Management eine wegweisende Funktion bei Veränderungen haben, wodurch Führung und Organisationskultur unmittelbar miteinander verknüpft sind. Über das eigene Verhalten machen Führungskräfte Organisationskultur für Mitarbeitende erlebbar, geben Orientierung und sind Vorbild, das heißt, sie machen damit eine eher schwer greifbare Organisationskultur greifbar (vgl. Sackmann, 2017, S. 382). Führungskräfte sind maßgebliche Gestalter von Organisationskulturen und an Entwicklungen von CSR beteiligt (vgl. Arbeitskreis nachhaltige Unternehmensführung, 2015, S. 53). Sie erhalten den Auftrag, den Sinn von CSR allen Beteiligten nahezubringen und kontinuierlich zu reflektieren sowie die Werte eines ganzheitlichen Nachhaltigkeitsprinzips in einer Organisation zu verankern. Dazu sind sie maßgeblich für die Konzeption, Umsetzung und Gewährleistung von entsprechenden Unternehmensstrategien verantwortlich, die die langfristige Implementierung des Nachhaltigkeitsprinzips und von CSR sicherstellen sollen. Die Strategien und Kultur eines Unternehmens, die im Führungsverhalten und –handeln Ausdruck finden, sind unerlässlich für deren Veränderungsbereitschaft und Entwicklungsfähigkeit. Erfolgreiche Unternehmensentwicklung bedeutet, den Wandel vorausschauend und (pro-)aktiv zu gestalten, statt sich von möglich bevorstehenden Veränderungen treiben zu lassen. Entscheidend ist dabei, zunächst zentrale Zwecke und Werte zu definieren, von denen das Unternehmen geleitet wird bzw. werden soll. Die Umsetzung unternehmerischer Visionen, Strategien und Ziele bedingt

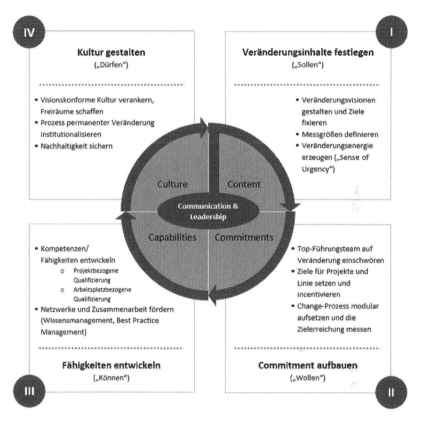

Abb. 4.2 Idealtypischer Verlauf eines Veränderungsprozesses. (Quelle: Oltmanns & Nemeyer, 2010, S. 39)

Veränderungen in Organisation, Kultur und Verhalten von Führungskräften und Mitarbeitenden.
Folgendes Modell (Abb. 4.2) scheint hierzu aussichtsreich.

1. *Content:* Das Topmanagement definiert zunächst die Ziele, die mit dem Veränderungsprozess erreicht werden sollen. Daraus leitet es eine Vision ab. Sie beschreibt den gewünschten Zielzustand und fördert damit Einsicht und Motivation der Mitarbeiter. Gleichzeit definiert es geeignete Messgrößen, um

den Grad der Zielerreichung im Laufe des Prozesses nachzuhalten. Schließlich verabschiedet das Management geeignete kommunikative Maßnahmen, um Ausmaß und Qualität der Herausforderung unmissverständlich zu kommunizieren und ein Bewusstsein für die Dringlichkeit der Veränderungen zu erzeugen.

2. *Commitment:* Phase zwei gewinnt die wichtigsten Führungskräfte für den definierten Veränderungsprozess – Voraussetzung zur Kommunikation der Dringlichkeit und der Erzeugung einer Motivationswelle auf allen Ebenen. Besonders das Mittelmanagement ist gefordert. Es wird eine breite Verankerung des Veränderungsprozesses in der gesamten Belegschaft angetrieben. Dafür werden Projektziele definiert und mit geeigneten Incentives versehen.

3. *Capabilities:* Diese Phase zielt darauf ab, wie die nötigen Fähigkeiten für das Erreichen der Veränderungsziele aufgebaut werden sollen. Entscheidende Qualifizierungsmaßnahmen werden entwickelt und Mitarbeiter geschult.

4. *Culture:* Jetzt kommt es darauf an, das erreichte Veränderungsniveau zu stabilisieren, also von der Neuerung in den eingeschwungenen Zustand zu überführen. Diese Institutionalisierung geht einher mit einem regelmäßigen Review des Zielerreichungsgrades und der Entscheidung darüber, ob und gegebenenfalls wie neue Teilprozesse aufgesetzt werden müssen.

Sollen Menschen sowie Unternehmen zur Umsetzung dieses Modells veranlasst werden, gilt es für ihr jeweiliges Handeln Verantwortung zu übernehmen, bedarf es einer kognitiven (strategischen und strukturellen) und emotionalen (kulturellen) Ansprache gleichermaßen.

Der Harvard-Professor Michael Porter, legte bereits im Jahr 1979 den Grundstein für die Betrachtung moderner Strategieentwicklung und erhielt dadurch eine zentrale Bedeutung. Dieser Grundstein setzt sich aus den Wettbewerbskräften zusammen, die die Strategien einer Organisation beeinflussen. Von den fünf Kräften, neue Wettbewerber, Verhandlungsmacht von Käufern und Zulieferern, alternative Produkte und Konkurrenz bestehender Wettbewerber, leitet er drei mögliche Strategien für Organisationen ab (vgl. Porter, 2004, S. 47). Fünfundzwanzig Jahre später ist das Spannungsfeld aus Wettbewerb, Produktherstellern, Dienstleistern und Kunden ausdifferenzierter und sichtbar komplexer gefächert – auch durch die Einflüsse der New Work 4.0. Zu einer agilen Strategieentwicklung gehört scheinbar noch mehr, als sich auf fünf Kräfte und drei Strategievarianten zu stützen. Auch wenn Porters Erkenntnisse heute nicht mehr ausreichen, so gelten seine Prinzipien fortwährend. In den weiteren Erläuterungen können so immer wieder Parallelen zu Porters Gedanken erkannt werden (vgl. Porter, 2004, S. 47).

Malik stellt weitere Strategiegedanken auf:

> „Strategie ist richtiges Handeln, wenn wir nicht wissen, wie die Zukunft sein wird, und dennoch handeln müssen, wobei auch nichts zu tun ein Handeln ist. Strategie heißt, bevor man etwas beginnt, von Anfang an so zu handeln, dass man auf Dauer Erfolg hat. Strategie handelt nicht von zukünftigen Entscheidungen, sondern von der Zukunftswirkung heutiger Entscheidungen, zu denen auch die Nicht-Entscheidungen gehören." (Malik, 2011, S. 19)

Ergänzt wird diese durch eine weitere gewärtig bekannte Definition von Weber und Klein, die Strategie wie folgt formulieren:

> „Unter Strategie bzw. strategischem Management werden in der Betriebswirtschafts-lehre relativ übereinstimmend Konzepte verstanden, die darauf zielen, das Unterneh-men auf eine sich verändernde Umwelt dadurch einzustellen, daß die vorhandenen Potentiale gefördert und genutzt, sich abzeichnende oder schon offenkundige Schwä-chen abgebaut werden. Strategien sind umfassende Konzepte, die sowohl die Ziele als auch die Wege bzw. Mittel zur Erreichung dieser Ziele umfassen." (Weber & Klein, 1999, S. 39)

Die Orientierung am Wettbewerb fließt demnach, nach wie vor, als ein maßgebli-ches Kriterium jeder Strategieentwicklung mit ein. Strategien einer Organisation tragen, als genaue, langfristig angelegte Pläne der Vorgehensweise, zur Erreichung eigener oder vorgegebener Ziele bei (vgl. Rodehuth, 1999, S. 39). Diese Strategie soll im Wettbewerb – ganz gleich ob in profit- oder non-profit Organisationen – also den gewünschten Erfolg bringen. Sie ist daher auf lange Sicht hin konzipiert und wirkt handlungs- und richtungsweisend.

Die Zusammenhänge gesellschaftlicher Unternehmensverantwortung, nachhal-tiger Entwicklung, Führung und Unternehmensstrategien werden sowohl von wissenschaftlicher als auch politischer Seite immer wieder hervorgehoben, so heißt es beispielsweise im Aktionsplan CSR der deutschen Bundesregierung, dass CSR für eine „nachhaltige Unternehmensführung im Kerngeschäft [steht], die in der Geschäftsstrategie des Unternehmens verankert ist" (BMAS, 2010, S. 35). Führungskräfte, die als Vorbild agieren und fungieren, eine Organisationskul-tur, die Veränderungen zulässt und diese aktiv vorantreibt und definierte sowie zielorientierte Strategien, die zur Etablierung und Implementierung von CSR beitragen sind voraussetzungsvolle Faktoren einer kontinuierlich erfolgreichen gesellschaftlichen Unternehmensverantwortung. Dies stellt individuelle Akteure (Führungskräfte) wie auch die Organisation insgesamt vor erhebliche Heraus-forderungen, die nur mithilfe von Informationstransparenz und -kommunikation gelingen kann, um das dazu notwendige Wissen zu erwerben, weiterzugeben und langfristig im und für das Unternehmen zu sichern. Darüber hinaus erfordert dies Motivation und Erfahrung von allen Beteiligten und eine Haltung sich auf Neues einzulassen und an einer werteorientierten und nachhaltigen Unternehmenszukunft mitzuwirken. Wissen, Erfahrung und Haltung sind nach Auffassung der Autoren erforderliche Bedingungen von CSR, die nicht nur die inhaltliche Perspektive einer CSR-Weiterbildung, sondern auch ihre methodisch-didaktische Gestaltung prägt.

4.1   Bedeutung von Wissen und Werten

Nachfolgend werden die Rahmenbedingungen gesellschaftlicher Unternehmensverantwortung inklusive Werte und Verhaltenserwartungen in Form von Anerkennungssystemen näher betrachtet. Dadurch kann eine nachhaltige, agile und sinnstiftende Führungskultur mit einer resultierenden Lernkultur ermöglicht werden. Ebenso werden bei den anknüpfenden Betrachtungen die folgenden Unternehmenstypen nach F. Laloux zugrunde gelegt, dabei fokussiert es sich stark auf die Agilität von Organisationen (s. Abb. 4.3).

Agil bedeutet nach Laloux *1) Sinnstiftung, 2) Selbstführung und 3) Ganzheit.* Dabei dienen Werte als Maßstäbe für ‚sein-sollendes' Handeln. Waren früher nicht nur solche Maßstäbe, sondern auch darüber hinaus gehende Realisierungen von Werten weitgehend in der Tradition festgeschrieben und damit vorgegeben, so sind heute die Werte zum Teil ihrer Selbstverständlichkeit, die in der Tradition

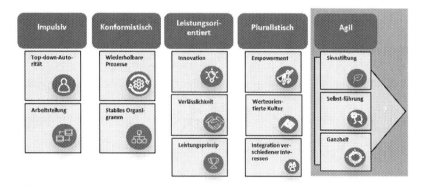

Abb. 4.3 Die Unternehmenstypen nach Laloux. (Quelle: Eigene Darstellung, in Anlehnung an Laloux 2015)

weitgehend gesichert war, entkleidet worden. Dies hat auch mit Globalisierung zu tun, die damit verbunden ist, dass herkömmliche Werte in der Auseinandersetzung mit anderen kulturellen Gestaltungen relativiert werden. So werden etwa Unternehmen aus traditionellen kulturellen Einbettungen herausgelöst, was die Frage aufkommen lässt, nach welchen Werten gehandelt werden darf bzw. ob in verschiedenen Kontexten verschiedene Normierungen folgen sollen. Solches kann dann dazu führen, dass sich – auch der Einfachheit wegen – „nur" an ökonomischen Vorgaben orientiert wird. Dies ist ja nach Meinhard Miegel das einfache Prinzip des Kapitalismus: „Konzentriere dich auf deinen eigenen Vorteil und versuche, ihn gegen andere zu verteidigen. Du stehst im Mittelpunkt. Unter dem Strich zählst du allein" (Miegel, 2014, S. 13).

In einer solchen Handlung erfährt das Geschäft eine Verkürzung auf sich selbst nach dem Motto: „The business of business is business" (Rothauer, 2007). Diese Reduktion ist also durch Konzentration auf das Geschäft und auf mich geprägt, die jeweilige kulturelle Einbettung bleibt ausgespart. Dabei wird oft übersehen, dass Wirtschaft in Zusammenhängen steht, die auch für die positive wirtschaftliche Entwicklung nicht ungestraft vernachlässigt werden dürfen.

In Werten werden diese Zusammenhänge zum Tragen gebracht, sodass aus dem Wirtschaftsprojekt ein Kulturfaktor wird. Wenn wir von Unternehmenskultur reden, so kommt die Wertebene in den Blick. Werte, die an den Bedürfnissen der Menschen ansetzen und die Interessen der Menschen einbeziehen, stellen damit Bevorzugungssysteme dar, die in einer Entscheidung verschiedenartige Anknüpfungspunkte für eben diese Entscheidung in den Blick bringen und somit einer bewussten Wahl aus Handlungsmöglichkeiten dienen. Damit rückt eine ganzheitliche Ausrichtung auf Mensch, Unternehmen und Gesellschaft ins Blickfeld und man versucht ihr gerecht zu werden, indem die verschiedenartigen Interessen aufeinander bezogen und zur Abstimmung geführt werden.

Werte sind damit Elemente der Bezugsschaffung der verschiedenen Ebenen, die für eine soziale Organisation kennzeichnend sind, um den verschiedenen Aspekten des Menschseins gerecht werden zu können. Gerecht werden bedeutet, im Bezug aufeinander jenen Ausgleich von Interessen zu schaffen, der der Ganzheitlichkeit des Menschen, und zwar aller an einer sozialen Interaktion beteiligten Menschen, entspricht. Ein Unternehmen steht ja nicht für sich, sondern soll einen Beitrag zum Gelingen des Lebens derer leisten, die in verschiedener Weise mit dem Unternehmen in Kontakt kommen.

Unternehmer und Unternehmen stehen in konkreten Wertezusammenhängen, die gegeben sind durch die Gesellschaft, in der sie tätig werden, und die Menschen, mit denen sie in vielfacher Weise in Kontakt kommen. Globalisierung kann im Zusammenhang mit der Herauslösung aus ganz konkreten regionalen und nationalen Wertezusammenhängen in einer dadurch ermöglichten Freisetzung vorwiegend wirtschaftlicher Wertgesetzmäßigkeiten gesehen werden. Doch sind in der gesellschaftlichen Verlagerung von Wirtschaft immer auch Wertezusammenhänge gegeben, in die Unternehmen einbezogen sind. Damit stellen gesellschaftliche Werte und ihre Einbeziehung in das Unternehmenshandeln immer auch einen Faktor für den Erfolg wirtschaftlichen Handelns dar und sind nicht etwas, ‚was auch noch dazukommt'.

Diese gesellschaftlichen Wertevorgaben bewusst in das Handeln einzubeziehen und das unternehmerische Wertesystem in Bezug darauf zu setzen, stellt eine Bedingung für unternehmerischen Erfolg dar. Wenn man nur bedenkt, wie wichtig Glaubwürdigkeit für wirtschaftlichen Erfolg ist, so ist das ein Hinweis auf die Wichtigkeit von Wertemanagement.

Hierzu eine abschließende Bemerkung: Die in den Eigeninteressen sich zum Ausdruck bringende Preisdimension sollte ein Bezug zur Wertdimension finden. Wenn es im Roman „Das Bildnis des Dorian Gray" von Oscar Wilde heißt: „Nowadays people know the price of everything, and the value of nothing" (Wilde, 1963, S. 55), so stimmt das nach Ansicht der Autoren nicht. Wir kennen Preise, wir kennen aber auch Werte. Woran es oftmals mangelt, das ist die Umsetzung von Wertkategorien in Preisrelationen. Und Politik wird oft nur in Preisen und Werten, die man voneinander unabhängig macht, gestaltet und dann meist nach den gegebenen Preisen bewertet. In den Zusammenhang könnte der Satz, den Bettino Craxi, einer der Haupttäter und eines der Hauptopfer im Tangentopoli-Skandal, einmal äußerte und der von Theo Sommer zitiert wird, bedenkenswert sein: „Es gibt keine Ideale mehr, wir managen einfach Interessen" (Sommer, 1993, S. 1). Interessen sind wesentlich, doch sind Wertebezüge auf das Allgemeine unerlässlich.

Ähnliches gilt für das Wertesystem ‚Wissen', welches voraussetzungsvoll aber nicht erschöpfend sein darf. Die voraussetzungsvolle Bedeutung von Wissen als Grundlage wird im folgenden Schaubild (Abb. 4.4) noch einmal illustriert.

## 4.2	Bedeutung von Erfahrung(en)

Der Begriff Enkelfähigkeit – geprägt durch Christiane Underberg – stellt dabei eine erste Möglichkeit dar, das Sinnstiftende gesellschaftlicher Unternehmensverantwortung stärker in den Mittelpunkt zu rücken. Neben den Systemen Politik und Markt wird vor allem die Zivilgesellschaft maßgeblich zu einer verantwortungsvollen, nachhaltigen Entwicklung beitragen können. Umso bedeutender scheint es, sich in zukünftigen Forschungsvorhaben der Frage zu widmen, inwieweit

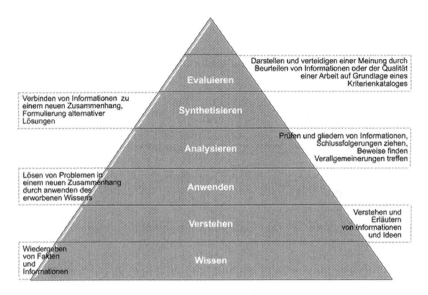

Abb. 4.4 Die Wissenspyramide, in Anlehnung an den DQR & HQR. (Quelle: Eigene Darstellung 2021)

Veränderungen des Terminus CSR gesteigerte motivationale Effekte bei Unternehmen und insbesondere bei Individuen erzeugen können. Das Verständnis und Gefühl Teil eines Gesamtsystems zu sein, mit allen damit einhergehenden Rechten aber auch Verpflichtungen, wird auf gesamtgesellschaftlicher Ebene noch weiter auszubauen sein, um Probleme, wie Umweltverschmutzung, Ausbeutung oder Korruption, nicht mehr nur zu bekämpfen, sondern im Vorfeld zu vermeiden. Auch Unternehmen sind noch stärker gefordert CSR nicht als reaktive Maßnahme gegen auftretende Herausforderungen und Probleme zu missbrauchen und sogenanntes Green washing zu betreiben. Vielmehr geht es darum, das antizipative Potenzial von CSR zu nutzen und es als „Vorausschau des Möglichen" zu begreifen. Dazu bedarf es jedoch neben dem nach vorne gerichteten, funktionsbereichs-, abteilungs- und generationenübergreifenden Blick von Unternehmern, auch stets Phasen der Reflexion und Konsolidierung, um sowohl der Dynamik der Arbeitswelt gerecht zu werden als auch der notwendigen Stabilität eines Unternehmens gerecht zu werden. Dies darf gerade in Familienunternehmen, die in einem Spannungsverhältnis von Tradition und Innovation agieren, nicht vernachlässigt werden. Die herausragende Bedeutung einer werte- und zukunftsorientierten

Unternehmensführung scheint dabei unbestreitbar. Vor allem die eigene Haltung von Unternehmern wird entscheidend dafür sein, ob und inwieweit CSR in einem Unternehmen Berücksichtigung findet. Für zukünftige Weiterbildungen im Bereich gesellschaftlicher Unternehmensverantwortung scheint es daher unerlässlich, dass entsprechende Akteure im Bildungsbereich nicht ausschließlich auf die Vermittlung von Fachwissen setzen, sondern stets auch eine ganzheitliche Persönlichkeitsentwicklung ermöglichen und fördern. Dabei gilt es die Entwicklung der Personalentwicklung (s. Abb. 4.5) zu berücksichtigen.

Wertschätzendes Miteinander, Diversität als Chance, Lernen durch Freiraum und Fehler, offene Kommunikation und Vernetzung sind nur einige Beispiele für Themen und Inhalte, die es im Zuge von CSR zu berücksichtigen und zu vermitteln gilt. Dabei bietet eine klare Haltung zugleich den notwendigen Halt und trägt zur individuellen und organisationalen Resilienz bei. Vor dem Hintergrund zunehmender Volatilität und Komplexität, gerät ein einfaches Ursache-Wirkungs-Denken an seine Grenzen. An die Stelle von Komplexitätsreduzierung und eindeutiger Lösungswege tritt ein kybernetisch-systemisches Denken, welches sowohl für die wissenschaftliche Auseinandersetzung als auch praktische Umsetzung von CSR aussichtsreich sein kann.

70er Humanistisch-orientierte PE	80er Mitarbeiter-orientierte PE	90er Performance-orientierte PE	2000+ Human Capital Development	2010+ Digitalisierte PE
* PE geht schwerpunktmäßig von der Entwicklung des Individuums aus * Mensch soll der Organisation durch entsprechende Weiterbildungen besser angepasst werden	* Abkehr von der Füllhompolitik hin zu Bedarfsorientierung * PE als maßgeschneiderte Unterstützung von Personen und Unternehmenseinheiten zur Erreichung von Unternehmenszielen	* Performance Management und Measurement werden zentrale Paradigmen * Organisation und Mitarbeiter werden gemeinsam für die unternehmerischen Ziele entwickelt	* Human Capital Development wird kritischer Faktor für den Unternehmenserfolg * e-Revolution und Globalisierung in der Personalentwicklung	* Human Ressource * Digitalisierung 4.0

Abb. 4.5 Orientierung an der Unternehmensstrategie und der Personalentwicklung. (Quelle: Eigene Darstellung 2021)

4.3   Bedeutung von Haltung

Unternehmenskultur kann beschrieben werden als die Summe aller gemeinsamen, selbstverständlichen Annahmen, die ein Team oder eine Organisation in
ihrer Geschichte bei der Bewältigung von Aufgaben und im Umgang mit internen
Beziehungen erlernt hat, die sich bewährt haben und somit als bindend gelten, und
die daher an neue Mitglieder als rational und ebenso emotional korrekter Ansatz
für den Umgang mit Herausforderungen vermittelt werden.
    Eine zentrale Rolle bei der Gestaltung von Unternehmenskultur haben Füh-
rungskräfte. Denn Aufgabe von Führungskräften und Management ist es einerseits, als eine Art Multiplikator lernbezogene Werte, Erwartungen und Einstellungen zu vermitteln und andererseits durch eine aktive Unterstützung die
Entwicklung von Mitarbeitenden zu fördern (vgl. Sonntag et al., 2004, S. 119).
Diese Unterstützungsleistung hat nur dann einen förderlichen Charakter, wenn
Mitarbeitende in ausreichendem Maß motiviert bzw. begeistert werden und
in ihrem zukünftig ausgerichteten Bestreben zu lernen einen Sinn sehen und
dabei, wie oben beschrieben, ein Gefühl individueller Selbstbestimmung erleben. Sinnstiftende Motivation, die die Eigenverantwortlichkeit von Mitarbeitern
berücksichtigt, ist eine integrale Aufgabe guter Führung und notwendiges Ele-
ment einer wirksamen sowie nachhaltigen Unternehmenskultur. „Wer die Macht
hat, bestimmt die Werte" (Wieda, 2011, S. 48).
    Hier sei ein kurzer Exkurs zur Führung in der digitalisierten Arbeitswelt auf-
geführt, sodass die Zunahme der Komplexität in der New Work 4.0 Beachtung
findet.
    Organisierte Arbeit wurde lange Zeit geprägt durch die Industrialisierung.
Tradition sind Hierarchien, Kooperationen, Steuerung über Finanzresultate, Pla-
nungen aufgrund von Erfahrung sowie kurzfristiger Erwartungen, Effizienz und
die Organisationsstruktur. Mitarbeitende wurden zugeteilt (Sprenger, 2019). Um
effektiv zu sein, reichen Intelligenz, Fleiß und Wissen alleine nicht mehr aus,
egal wie viel Wissen und Intelligenz in die Arbeit einfließt und wie viele Stun-
den sie dauert (Drucker, 2014). Das Bild der Unternehmensführung war, dass
Unternehmen gut geölte Maschinen sind. Alles wurde der Effizienz unterworfen.
Der Mitarbeitende war geduldet, sollte arbeiten, nicht denken und die Individua-
lität störte (Sprenger, 2018). Management ist polyzentrisch. Der Wissenschaft
von Management liegt die Einsicht zugrunde, dass Wirtschaftsunternehmen ein
System höherer Ordnung sind, deren Bestandteile Menschen sind, die mit ihrem
Wissen, ihren Fähigkeiten und ihrem Einsatz zum gemeinsamen Vorhaben bei-
tragen (Drucker, 2009). Die digitale Welt gibt die Freiheit, dass Menschen ihre
Intelligenz, Kreativität und gestalterische Fähigkeiten entfalten können. Neue

Formen des Zusammenwirkens und des komplexitätsgerechneten Steuerns und Lenkens, des Gestaltens durch Nutzung von Vielfalt entstehen. Über Nachhaltigkeit hinaus ist die adaptive Lebensfähigkeit einer flexiblen Organisation Ziel, dies umfasst die empfängerorientierte Leistungserfüllung und definierte Profitabilität (Malik, 2017). Wer von Führung spricht, spricht im Regelfall von der Führungskraft. Übergangen wird oftmals die ‚Wechselwirksamkeit' von Menschen. Die Interaktionen sind zirkulär, d. h., es wird sich gegenseitig beeinflusst. Vollständig ausgeblendet bleibt der institutionelle Rahmen eines Unternehmens, innerhalb dessen die Interaktionen stattfinden. Dieser Rahmen prägt das Verhalten (Sprenger, 2012). Wir leben in einer VUCA-Welt. Hierarchien, Herrschaften und Command-and-Control sind hinderlich, technisch und menschlich. Hohe Summen werden in digitale Technik investiert, ohne dass die MA und die Führung mitgewachsen sind (Sprenger, 2019). Führung geht weitgehend durch Vorbild. Führungskräfte bedürfen einer konsequenten Selbstorganisation, um die Mitarbeitenden zu leiten (Drucker, 2014). Warum der Schlüssel zu außergewöhnlichen Leistungen nicht das Sein, sondern das Tun, nicht der Plan, sondern die eigene Vorbereitung auf mögliche Ereignisse sei, beantwortet Malik, dass nicht entscheidend ist, wer jemand ist, sondern wie er handelt. Durch das Handeln der Führungskraft zieht sich ein roter Faden und die Wirksamkeit wird durch Regeln, Prinzipien oder Grundsätze bestimmt. Der Wandel ist und bleibt Bestandteil des gesellschaftlichen und unternehmerischen Alltags, desto wichtiger sind komplexitätsgerechte Strategien. Es bedarf der Führung, die systemisch, evolutionär, komplex, vernetzt und simultan ist (Malik, 2018). Management ist die Befähigung zur Selbstorganisation und Selbstregulierung (Malik, 2017).

Mit der Annahme, dass eine Unternehmenskultur die Summe gemeinsamer Annahmen erfolgreichen Handelns ist, lebt in einem Unternehmen eine Kultur auch dann fort, wenn Mitarbeitende wechseln (vgl. Grubendorfer, 2016, S. 65). Eine bestimmte ‚Akteure-Kompatibilität' ist eine Voraussetzung für gemeinsames erfolgreiches Handeln. Kommen Menschen aus anderen Kontexten mit unterschiedlichen Grundannahmen in ein Unternehmen, passen sie sich entweder an oder werden von der Kultur ausgeschlossen. Manchmal sind sie aber so erfolgreich oder mächtig, dass sie die Kultur verändern (können).

Besonderheiten einer Kultur gilt es sorgsam zu analysieren, wenn Mitarbeiter einen solchen Prozess, der auch Kündigungen einbezieht, mitgehen und mehr Leistung erbringen sollen. Kommt es zu Wertverletzungen, müssen diese auch benannt und situativ geklärt werden.

Einige Führungskräfte haben Respekt vor Veränderungsprozessen, denn nicht selten scheitern sie daran: Unternehmenskultur, d.h. die Art und Weise, in der im

Unternehmen Dinge getan werden bzw. wie ein Unternehmen tickt, ist ein Kernbestandteil von tief greifenden Selbsterneuerungs- und Transformationsprozessen. Die bisherigen und für den zukünftigen Unternehmenserfolg notwendigen Denk- und Verhaltensmuster gilt es herauszustellen und dabei auf dieser Basis eine breitflächige Auseinandersetzung zu gestalten. Dies kann gelingen u.a. durch sich etablierendes regelmäßiges Feedback sowie Reflexionsprozesse auf unterschiedlichen Ebenen.

Dabei ist eine Verzahnung mit Maßnahmen der strategischen Unternehmensentwicklung bedeutungsvoll (Kultur ist kein losgelöster Prozess von ,Soft Facts'). Sicherlich ist ein respektvoller Umgang mit der etablierten Kultur wichtig und wirksam, schließlich ist diese das Ergebnis eines jahrelangen organisationalen Lernprozesses. Dabei ist eine gewisse Vielfalt in Organisationen bedeutsam auch in und vor allem in altersunterschiedliche Teams. Selten zuvor waren so viele Generationen an Arbeitsprozessen beteiligt wie heute. Nur wer sich der gesamten Bandbreite von Young Talents bis Silver Agers widmet, ihre Wertevorstellung versteht, kann von breitgefächerten Chancen und einer damit verbundenen herausfordernden Vielfalt profitieren. Wertvorstellungen sind wichtig, da sie Orientierung, Halt und Sinn geben und individuelles Denken und Handeln beeinflussen. Häufig sind sie so tief verwurzelt, dass wir uns ihrer kaum noch bewusst sind und so der Umgang damit oftmals schwierig ist. Viele Wertvorstellungen sind kulturell, durch die Primär- und Sekundärsozialisation geprägt. Pauschalaussagen zu den Generationen lassen sich jedoch nicht treffen, doch sind Gemeinsamkeiten durchaus zu erkennen. Bedeutsam ist es also, Empathie für andere Einstellungen aufzubauen, zu pflegen und die Bedürfnisse verschiedener Generationen zu begreifen, zu verstehen, zu berücksichtigen und im Prozess zu vereinigen.

In Organisationen ist es bedeutsam, dass die Generationen ihre eigenen (Handlungs-)Kompetenzen und Erwartungen mitbringen dürfen, denn wer generationenübergreifend führt, sollte verstehen, was die Mitarbeitenden motiviert, begeistert und welches Autoritätsverständnis sie mitbringen. Hier geht es insbesondere um den Versuch, Mitarbeitende im Kontext ihrer Generation zu verstehen. Generationenübergreifende agile Teamarbeit gelingt mit transparenter, empathischer authentischer Kommunikation. Mit dem demografischen Wandel im Nacken wird Wissenstransfer und Wissensmanagement zwischen jungen und erfahrenen Mitarbeitenden zentraler denn je zuvor. Nur wenn dieser wertschätzend erfolgt, können beide Seiten voneinander auf Dauer lernen und profitieren.

Entscheidend wird dabei mehr und mehr nicht die Frage, wer Macht hat, entscheidend ist die Frage, wie mit dieser umgegangen wird, so Alfred Herrhausen. Dabei wird Macht als Fähigkeit verstanden, Menschen zu zwingen, Dinge zu tun oder zu unterlassen, die sie sonst nicht tun oder unterlassen würden, so jedenfalls die Definition des Militärstrategen Carl von Clausewitz. Einige Experten unterscheiden in diesem Kontext eine positive und eine negative Macht – positiv ist dabei die Gestaltungsmacht, die notfalls sogar mit harten Bandagen durchgesetzt werden kann und zu einer Machtkompetenz führt, d.h. zu Erfolgen unter erschwerten Bedingungen. Eine eher negative Macht wird als destruktiv, manipulativ oder zerstörend bezeichnet (vgl. Oltmanns & Nemeyer, 2010, S. 13). Drucker bilanziert: *Culture eats strategy for breakfast.*

Für den, der sich wertebasiert und wirksam verhalten möchte, gilt es von Zeit zu Zeit zu überdenken, in welchem Kontext er sich befindet und welche speziellen Gegebenheiten dieses Umfeld bestimmen und wie er dort sinnstiftend und agil wirken möchte. Dazu kann diese Art von „Werte-Check" (s. Tab. 4.1) dienen – dieser Check erhebt keinen Anspruch auf Vollständigkeit, sondern bietet Impulse, die ergänzt werden dürfen. Ziel bei all dem ist, dass das ‚Quer-Denken und Quer-Fühlen' mehr und mehr Einzug erhält und damit eine generationsübergreifende Bewältigung der Komplexität in Zeiten der New Work 4.0.

Tab. 4.1 Grundwerte und Grundüberzeugungen. (Quelle: Eigene Darstellung 2021)

	Nahezu ausschließlich	Überwiegend	Kontextabhängig	Überwiegend	Nahezu ausschließlich	
Analytisch, beschreibend						Lösungsorientiert
Strategisch ausgerichtet						Operativ steuernd
Reflexionsfähig						Unbedacht spontan
Vertrauensvoll						Misstrauend
Informativ						Kommunikativ
Leistungs- und aufgabenorientiert						Orientiert an den Mitarbeitenden
Selbstverantwortung ermöglichen						Führen durch An- und Zurechtweisung
Orientiert an übergreifenden Netzwerken						orientiert an Zuständigkeiten
im System arbeiten, d.h. Fehler und Lücken durch eigene Eingriffe kompensieren						am System arbeiten, d.h. gut beobachten und die Betroffenen zu Selbsthilfe anleiten
Energien freisetzen, Ermöglicher						Lokomotive, Treiber, Macher

(Fortsetzung)

Tab. 4.1 (Fortsetzung)

	Nahezu ausschließlich	Über wiegend	Kontextabhängig	Überwiegend	Nahezu ausschließlich	
Konfliktfähig mit Feedbackpflicht						Harmonie und Opportunismus
Emotionale Intelligenz und soziale Kompetenz						Sachlogik, orientiert an Zahlen, Daten, Fakten
Unsicherheit souverän managen						Sicherheit brauchen und bieten
Teammitglied						Teamleiter
Handlung						Wirkung

CSR in der Praxis – Mögliche Schritte zur Implementierung

5

Aus den bisherigen Ausführungen wird deutlich, dass CSR auf ein ausgewogenes Zusammenspiel von strukturellen und kulturellen Voraussetzungen in Unternehmen angewiesen ist und sich nicht auf operative Einzelmaßnahmen oder Einstellungen Einzelner reduzieren lässt. Trotz der Vielschichtigkeit, Komplexität und Sensibilität gesellschaftlicher Unternehmensverantwortung, was nicht zuletzt mit deren immanenten normativen Bezügen und tangierenden Fragestellungen zusammenhängen mag, stellt sie keine deterministische oder utopische Zielvorstellung dar, sondern ist erlernbar. Kurzzeitige Intensivworkshops von zwei bis drei Tagen zum Thema CSR, die geradezu eine Expansion in der Weiterbildungslandschaft erleben, greifen aus Sicht der Autoren zu kurz. Um den Anspruch einer nachhaltigen und kontinuierlichen Unternehmensverantwortung gerecht zu werden, die sich an einer ständig verändernden Gesellschaft und Arbeitswelt orientiert und hierauf antwortfähig ist, müssen Weiterbildungsformate neben der Vermittlung des notwendigen (Grundlagen-)Wissens auch dafür Sorge tragen, dass Teilnehmende einerseits von Erfahrungen profitieren, andererseits CSR selbst erfahren und nicht zuletzt eine entsprechende Haltung ausbilden oder weiterentwickeln können, die bestenfalls in einem unternehmensweiten Mindset (Organisationskultur) mündet. Soll CSR langfristig und erfolgreich in Unternehmen etabliert werden – und damit fester Bestandteil der Unternehmens-DNA werden – müssen Implementierungsstrategien in ihrer organisatorischen, didaktischen und inhaltlichen Gestaltung, diesen Dimensionen Rechnung tragen. Mit der zunehmenden Entwicklungsdynamik und Komplexität neuer Arbeitswelten im Zuge von Globalisierung, Digitalisierung und Individualisierung wird dies umso erforderlicher.

K. Keller und M. F. Müller, *CSR-Weiterbildung: Zwischen Wissen, Erfahrung und Haltung*, essentials, https://doi.org/10.1007/978-3-658-34902-8_5

„Die Menschen lernen (und lehren) für eine Welt, die heute noch weitestgehend unbe-
kannt ist. Jedoch ist nicht das Lehren entscheidend, sondern das Lernen. Das Lernen ist
ein selbstorganisierter, konstruktivistischer Aneignungsprozess und nur bedingt durch
die traditionelle belehrende – oft rein technische – Wissensvermittlung möglich. Es
geht jedoch vielmehr um die Vermittlung von Transformations- und Reflexionskom-
petenzen. […] Das Ziel von Lernen ist es, Wirtschaft und Gesellschaft neu zu denken
und nachhaltig zu gestalten, statt in vorgegebenen bzw. etablierten Denkmustern der
alten Generationen zu verharren. Bei Bildung geht [sic] immer um Persönlichkeitsbildung, auch im Sinn gesellschaftlich relevanten Gestaltungswissens, also um deutlich
mehr als bloße Ausbildung (Ausbildung ist immer für etwas)." (Schmidpeter & Kolb,
2018, S. 14f.)

Vor diesem Hintergrund sollen im Folgenden Einsichten wiedergegeben und
Handlungsempfehlungen formuliert werden, die sich aus einer anderthalbjäh-
rigen CSR-Weiterbildung, unter Leitung der Autoren, mit Teilnehmenden aus
dem Gesundheitswesen, herauskristallisiert haben. Hierzu scheinen ein paar
Vorbemerkungen zur Ausgangslage und zur Bedeutung von CSR im Gesundheitswesen angebracht, bevor im Weiteren eine inhaltliche und methodisch-didaktische
Konkretisierung erfolgt.

Zur Ausgangslage
Im Auftrag von Vorstand und Geschäftsführung eines mittelgroßen Anbieters im
Gesundheitswesen, in christlicher Trägerschaft, wurde eine CSR-Weiterbildung
(Gesellschaftliche Unternehmensverantwortung im Gesundheitswesen) initialisiert.
Die Weiterbildung war für einen Zeitraum von anderthalb Jahren angesetzt und
umfasste fünf Module, die – um den Gedanken eines voranschreitenden Lernpro-
zesses aufzugreifen – als STEPs verstanden und kommuniziert wurden, gemäß der
Zielvorstellung „Zur gesellschaftlichen Unternehmensverantwortung Step by Step".
Die STEPs bilden die folgenden Themenschwerpunkte ab: 1) General Management, 2) Ökonomie, 3) Ökologie, 4) Soziales und 5) Regionale Verantwortung (s.
Abb. 5.1).
Die fünf STEPs umfassten jeweils zwei Tage Präsenzzeit an wechselnden Veran-
staltungsorten, um Impulse aus der jeweiligen Umgebung (bspw. auf Nachhaltigkeit
ausgerichtete, regionale Startups oder Unternehmen) zu gewinnen sowie selbstor-
ganisierte Lernzeiten, bei denen die Teilnehmenden mit Inhalten, Aufgaben und
weiteren e-Learning Angeboten unterstützt wurden. Darüber hinaus bestand die
Möglichkeit digitale Beratungsangebote, Trainings und Coachings in Anspruch zu
nehmen.
Um vielseitige Perspektiven auf und diverse Ansichten zu den verschiedenen
Themen zu gewährleisten, konnten namhafte Kooperationspartner aus unterschiedlichen wissenschaftlichen Disziplinen (u. a. den Bildungs- und Sozialwissenschaften,

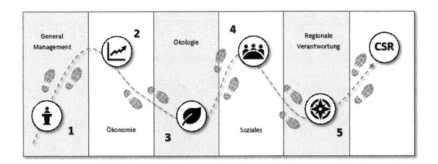

Abb. 5.1 CSR-Roadmap. STEPs zur gesellschaftlichen Unternehmensverantwortung. (Quelle: Eigene Darstellung 2021)

der Wirtschaftswissenschaft, der Nachhaltigkeitsforschung sowie der Theologie und Ethik) und Praxisfeldern (u. a. Universitäten, Forschungsinstitute, Unternehmen(sberatungen), Startups und Vereine) gewonnen werden. Die Weiterbildung wurde für eine Teilnehmerzahl von bis 15 Personen konzipiert, um Möglichkeiten zum Erfahrungsaustausch und zur Vernetzung untereinander zu gewährleisten, und richtete sich an Personen mit Führungsverantwortung/-erfahrung und Nachwuchsführungskräfte (z. B. Geschäftsbereichsleitungen, Chef-, Ober- und Assistenzärzte, Pflegedirektionen, Kaufmännische Direktionen, Pflegefachkräfte, Verwaltungsmitarbeitende, usw.) aus den verschiedenen Unternehmensbereichen (z. B. Krankenhäuser, Altenhilfe, Jugendhilfe, Verwaltung). Die Zielgruppe zeichnet sich daher durch ein hohes Maß fachlicher Heterogenität (Interdisziplinarität) aus und verfügt gleichsam über einen eigenen, mehr oder minder großen und autonomen, Verantwortungsbereich.

Leitgedanke bei der methodisch-didaktischen und inhaltlichen Gestaltung war dabei durchweg die Orientierung und Berücksichtigung der Dimensionen: Wissen (Grundlagen), Erfahrung (Vertiefung und Austausch) und Haltung (Anwendung und Persönlichkeitsbildung).

CSR im Gesundheitswesen

Inzwischen prägt der Begriff ‚Nachhaltigkeit' tägliches Leben stärker als je zuvor. Es wird nicht mehr nur im privaten Umfeld über Themen wie den Lebensmittelkonsum oder den Plastikverbrauch diskutiert. Auch Organisationen sind zunehmend dazu gezwungen, sich mit diesem Thema ganz konkret auseinanderzusetzen. In diesem Zusammenhang auch mehr und mehr das Sozial- und Gesundheitswesen, wenn es konkret um das Thema „Ver-Antwort-ung tragen" geht.

Curbach (2009) zufolge lässt sich die Umsetzung von Corporate Social Responsibility von und in Unternehmen auf zwei ursächliche Motive zurückführen. Unternehmen engagieren sich demnach proaktiv für Gesellschaft und Natur, da entweder ethisch-moralische Motive oder finanzielle, eigennützige Motive (business case) sie dazu veranlassen, das heißt ihr Verhalten ist normativ oder instrumentell begründet (vgl. Curbach, 2009, S. 155) und lässt sich als Dichotomie zwischen Profit und Moral charakterisieren (vgl. Pierer, 2003). Im Rückblick auf gesellschaftliche und wirtschaftliche Entwicklungen sowie deren Dynamik, scheint gerade bei Unternehmen im Gesundheitswesen die beschriebene Dichotomie, nicht zuletzt auch durch gesetzliche Auflagen und Systemveränderungen, wie der Einführung der German Diagnosisrelated groups (G-DRG-System), zunehmend zum klassischen Kennzeichen ihres Geschäftsmodells und beruflichen Handelns zu werden (vgl. Menzel & Jaklin, 2018, S. 259 ff.). Einerseits geraten Organisationen des Gesundheitswesens immer mehr als Unternehmen in den Blick, da sie unternehmerisch, mit der Absicht Gewinne zu erwirtschaften, geführt werden (vgl. Müller et al., 2018, S. 61), um ihre Marktposition im nationalen und internationalen Wettbewerb von Krankenversorgung zu verbessern und damit ihr Überleben zu sichern.

Für den einzelnen Gesundheitsdienstleister gilt es, die geltenden marktlichen Gesetzmäßigkeiten rasch zu akzeptieren und – wie es in anderen Branchen seit jeher üblich ist – sich durch kundenorientiertes und ethisch verantwortliches Management sowohl als medizinisch wie auch privatwirtschaftliches durch und durch erfolgreiches Dienstleistungsunternehmen zu positionieren. (Mayer, 2005, S. 5)

Insbesondere Krankenhäuser, deren zentrale unternehmerische Verantwortung in der Erbringung von Gesundheitsleistungen liegt, sehen sich in der heutigen Zeit zunehmend mit Nachhaltigkeitsthemenkonfrontiert. Oft liegt der Fokus auf der gebündelten ökologisch-ökonomischen Dimension, beispielsweise im Bereich Ressourcen- und Energieeffizienz. Daneben stehen auch soziale Belange im Mittelpunkt, bei denen es insbesondere um eine qualitativ hochwertige Versorgung, hohe Mitarbeiterzufriedenheit sowie langfristige und gute Beziehungen zu anderen Stakeholdern, wie beispielsweise den Kostenträgern, den Zuweisern oder den Lieferanten geht.

Neben der Notwendigkeit wirtschaftlichen bzw. rentablen Handelns, stellen Einrichtungen der Kranken- und Altenpflege in der öffentlichen Wahrnehmung Repräsentanten des Gemeinwohls dar (vgl. Backhaus-Maul et al., 2010) und haben das Image eines Produzenten des öffentlichen Gutes Gesundheit (vgl. Heese & Thaler, 2018, S. 179). Eine einseitige Entwicklung der gemeinwohlorientierten Einrichtung des Krankenhauses hin zum wirtschaftlich geführten Unternehmen gefährdet ihre Legitimation und Akzeptanz innerhalb der Gesellschaft (vgl. ebd.). Insbesondere bei Branchen des Sozial- und Gesundheitswesens, die im Zuge von Ökonomisierung und Rentabilität stetig an die Grenzen des eigenen Selbstverständnisses stoßen, scheint die Auseinandersetzung mit Corporate Social Responsibility mehr als angebracht und notwendig (vgl. Keller & Lorenz, 2018).

Genau mit diesem Themenfeld und dazugehörigen Aspekten beschäftigt sich die Weiterbildung, die sich an Führungskräfte im Sozial- und Gesundheitswesen adressiert. Nachfolgend werden die jeweiligen Steps mit den Inhalten, Kompetenzzielen und den Lern- und Lehrformate aufgeführt. Dahinter liegen in der Anwendung konkrete und zielgruppenorientierte Beschreibungen – auch in Form von „didaktischen Drehbüchern".

5.1   STEP 1 – General Management

Gerade im Spannungsfeld von Gemeinwohlorientierung, persönlicher Überzeugung und Rentabilität stoßen Unternehmen und Menschen an die Grenzen ihres Selbstverständnisses. Die Auseinandersetzung mit CSR stellt gleichsam Herausforderung und Chance dar, eine nachhaltige und gerechte Zukunft zu gestalten. Mit dem Ziel gesellschaftliche Unternehmensverantwortung zu stärken und auch Ihr Unternehmen zukunftsfähig zu machen, erhalten Sie einen Überblick über wichtige Grundlagen, Instrumente und konkrete Umsetzungsstrategien von CSR und haben die Möglichkeit, sich mit Experten und Gleichgesinnten auszutauschen.

Die Inhalte des Moduls beziehen sich schwerpunktmäßig auf:

- General Management und seine Wirkungsgrade: Strategie, Struktur, Kultur
- Management, Führung und Leadership: ‚Value Leading'
- Gesellschaftliche Unternehmensverantwortung als Führungsansatz

- Leitfrage: CSR und Nachhaltigkeit als Pflichtaufgabe oder Kür?
- Personal- und Organisationsentwicklung: Talent Management und Change-Management
- Wertemanagement: (ethische) Werte als Blick auf gesellschaftliche Wirkzusammenhänge
- Grundwerte und Grundüberzeugungen
- An- und Herausforderungen einer neuen Arbeitswelt 4.0 Globale Ziele nachhaltiger Entwicklung als Orientierungsrahmen gesellschaftlicher Unternehmensverantwortung

KOMPETENZZIELE:

Im Rahmen dieses Moduls werden die Teilnehmenden (TN) sich mit „Management und Nachhaltigkeit" beschäftigen. Beide Konzepte werden im didaktischen Dreiklang von ‚Kommunikation, Reflexion und Veränderung' bearbeitet und diskutiert.

Das Modul besteht aus Übungen in der Gruppe, Präsentationen und Diskussionen sowie Selbsteinschätzungen.

Die Teilnehmenden…

- erhalten einen Überblick über die Grundlagen General Management (Strategie, Struktur, Kultur).
- erhalten eine Einführung in die Arbeitswelt 4.0 und in ein sich veränderndes Verständnis von Führung.
- erhalten einen Überblick in das strategieabgeleitete Modell „Gesellschaftliche Unternehmensverantwortung (CSR)"
- üben, reflektieren und vertiefen ihre eigenen Kompetenzen am ‚Wertemanagement'
- entwickeln ein Verständnis für Wirkung von Personal- und Organisationsentwicklung
- lernen Persönlichkeitsmodelle kennen und können daraufhin ihr Führungsverhalten auf ihr Gegenüber ausrichten.

Die LEHR- UND LERNFORMATE der Weiterbildung gliedern sich in…

- Selbstreflexion: Selbsteinschätzung zum persönlichen Führungsverhalten
- Vorträge zu einzelnen Schwerpunktbereichen
- Praktische Übungen, auch in Gruppen – Rollenspiele
- Kollegialer Austausch/Kommunikations-Tandem

- Blended Learning: Präsenz und eLearning – hier werden zentrale Inhalte diskutiert und in praktischen Szenarien angewendet (optional)

5.2   STEP 2 – Ökonomie

Es scheint offensichtlich, dass ein unbegrenztes materielles Wachstum physikalisch nicht begründbar ist und Ökonomie ohne die Funktions- und Reproduktionsfähigkeit der Natur nicht überlebensfähig ist. Dennoch laufen ökonomische Prinzipien und Handlungsweisen einem ressourcenschonenden, verantwortungsvollen Umgang mit Natur und Umwelt häufig zuwider. Das Modul gibt einen Einblick in unterschiedliche Handlungsbereiche menschlichen Wirtschaftens und der Auseinandersetzung mit wertschöpfenden Produktionsprozessen, Tauschhandlungen, Verträgen und der nachhaltigen Gestaltung von Wirtschaftsprozessen geben. Globalisierung, Digitalisierung und Ökonomisierung fordern stärker denn je die Auseinandersetzung und Reflexion ethisch-werteorientierter Unternehmensführung heraus.

Die Inhalte des Moduls beziehen sich schwerpunktmäßig auf:

- Anthropologische Grundlagen wirtschaftlichen Denkens und Handelns
- Wirtschaftliche Prozesse und Entwicklungen mit all ihren Ambivalenzen hinsichtlich Rentabilität und Gemeinwohlorientierung
- Dynamiken, Spannungen und Harmonisierungsstrategien zwischen Unternehmenskultur und Unternehmensstrategie (Effizienz vs. Verantwortung)
- Grundlagen und Bereiche angewandter Wirtschaftsethik
- Impulse einer neuen Wirtschaftsethik als Fundament gesellschaftlicher Unternehmensverantwortung (Ethikkodizes, Wertemanagement, Sozialstandards und Stakeholdermanagement)
- Visionen für ein zukunftsfähiges Leben und Wirtschaften

KOMPETENZZIELE:
Die Teilnehmenden…

- … erhalten einen Überblick über anthropologische und ethische Grundlagen und Ursprünge von CSR
- … beurteilen und analysieren wirtschaftliche Zusammenhänge und Theorien, Entwicklungsprozesse und Problemszenarien der modernen Wirtschaft in ihren verschiedenen Dimensionen
- … erhalten eine Einführung zur Verhältnisbestimmung von Unternehmenskultur und Unternehmensstrategie und entwickeln anhand theoretischer Ansätze ein Verständnis für Dynamiken, Spannungen und Harmonisierungsstrategien zwischen Ethik und Realwirtschaft vor dem Hintergrund einer pluralen Gesellschaft
- … lernen wirtschaftsethische Handlungsfelder, deren Problemlagen und Potenziale für gesellschaftliche Unternehmensverantwortung kennen
- … erarbeiten und diskutieren, anhand von Visionsfragen, Modelle und Strategien für ein zukunftsfähiges Leben, Arbeiten und Wirtschaften
- … können im Laufe des Moduls unternehmensethische Fragestellungen entwickeln, die zur Problematik einer werteorientierten und verantwortungsvollen Unternehmensführung Stellung beziehen

Die LEHR- UND LERNFORMATE der Weiterbildung gliedern sich in…

- Vorträge und Präsentationen
- Selbstreflexion: Selbsteinschätzung zum persönlichen Führungsverhalten
- Gruppenarbeit (Expertengespräche)
- Kollegialer Austausch/Kommunikations-Tandem
- Blended Learning: Präsenz und eLearning – hier werden zentrale Inhalte diskutiert und in praktischen Szenarien angewendet (optional)

5.3   STEP 3 – Ökologie

Mit dem Einsatz technischen Wissens und wirtschaftlicher Macht nie gekann-
ten Ausmaßes in der Geschichte der Menschheit und der damit verursachten
Umweltkrisen, wird umweltethischen Fragen heute große Aufmerksamkeit bei-
gemessen. Menschliches Eingreifen in die Natur hat nicht nur die lokale Gegend,
sondern auch globale Prozesse verändert. Dieses Modul setzt sich mit den ökologischen Problemen unserer Welt auseinander. Wie weit reicht die Verantwortung
von Menschen, der Gesellschaft und Unternehmen für den Schutz natürlicher
Umwelt?

Die Inhalte des Moduls beziehen sich schwerpunktmäßig auf:

- Umwelt- und gesellschaftspolitische Entwicklungen im Kontext der Nachhal-
  tigkeit
- Ethische Bewertung im Umgang mit veränderten Wirtschaftsbedingungen.
- Konzepte und Prozesse multinationaler Lieferketten/neuer Geschäftsmodelle

KOMPETENZZIELE:
Die Teilnehmenden...

- erhalten einen strukturierten Zugang zu aktuellen ökologischen Fragen und
  Herausforderungen
- entwickeln ein Bewusstsein für die Folgen von Umweltveränderungen für
  gesellschaftliche, soziale und wirtschaftliche Prozesse

Die LEHR- UND LERNFORMATE der Weiterbildung gliedern sich in...

- Selbstreflexion: Selbsteinschätzung zum persönlichen Führungsverhalten
- Vorträge zu einzelnen Schwerpunktbereichen

- Praktische Übungen, auch in Gruppen – Rollenspiele
- Kollegialer Austausch/Kommunikations-Tandem
- Blended Learning: Präsenz und eLearning – hier werden zentrale Inhalte diskutiert und in praktischen Szenarien angewendet (optional)
- Best-Practice-Beispiele, Get together, Walk und Talk (optional)

5.4   STEP 4 – Soziales

Neben dem Schutz der Umwelt und der Schaffung angemessener Lebensstandards, müssen sich gesellschaftlich verantwortungsvolle Unternehmen für den Schutz vor Armut, Ausbeutung, Korruption und Unterdrückung einsetzen. Vor dem Hintergrund geografisch bedingter Lohngefälle, einem sich verschärfenden Fachkräftemangel, zunehmender Zeitarbeit und Befristung sowie breiter Niedriglohnsektoren kann soziale Verantwortung nicht länger als genuine Aufgabe von Unternehmen in sogenannten Entwicklungsländern verstanden werden. Auch Unternehmen in Deutschland sind mehr denn je gefordert ihr unternehmerisches Denken und Handeln im Sinne intergenerativer und intragenerativer Gerechtigkeit nachhaltig zu gestalten.

Die Inhalte des Moduls beziehen sich schwerpunktmäßig auf:

- Merkmale und Eigenschaften unterschiedlicher Generationen in einer pluralen (Arbeits-)Gesellschaft und der damit einhergehenden Chancen und Herausforderungen
- Formen und Maßnahmen agiler und kooperativer Zusammenarbeit
- Grundlagen und Bedeutung von Wissensmanagement, Betrieblicher Sozialarbeit und Gesundheitsmanagement
- Gerechtigkeit als normatives Fundament praktischer Unternehmensgestaltung
- Sozialethische Prinzipien als Eckpunkte und Rahmen gesellschaftlicher Unternehmensverantwortung

- Potenziale und Grenzen kirchlicher Soziallehre für eine zeitgemäße CSR-Debatte
- Soziale Verantwortung am Beispiel einer integrierten Ausbildung

KOMPETENZZIELE:
Die Teilnehmenden...

- entwickeln ein Verständnis für Kennzeichnen, Chancen und Herausforderungen von und zwischen unterschiedlichen Generationen (Silver Generation meets Generation Y) innerhalb pluraler Gesellschaften
- erhalten einen Einblick in Formen, Funktionen und Bedeutung agiler und kooperativer Zusammenarbeit
- erhalten einen Überblick über grundlegende theoretische Modelle und praktische Umsetzungsstrategien von Wissensmanagement
- lernen Grundlagen betrieblicher Sozialarbeit und des Gesundheitsmanagements kennen
- erhalten einen Überblick über sozialethische Leitprinzipien gesellschaftlicher Unternehmensverantwortung
- erfahren und reflektieren über mögliche Potenziale und Grenzen christlicher Soziallehre für eine zeitgemäße CSR-Debatte
- reflektieren und diskutieren über Facetten sozialer Nachhaltigkeit am Beispiel eines Inklusionsprojekts für eine integrierte Ausbildung von Menschen mit Lernbeeinträchtigung

Die **LEHR- UND LERNFORMATE** der Weiterbildung gliedern sich in...

- Selbstreflexion: Selbsteinschätzung zum persönlichen Führungsverhalten
- Vorträge zu einzelnen Schwerpunktbereichen
- Praktische Übungen, auch in Gruppen – Rollenspiele
- Kollegialer Austausch/Kommunikations-Tandem
- Blended Learning: Präsenz und eLearning – hier werden zentrale Inhalte diskutiert und in praktischen Szenarien angewendet (optional)
- Best-Practice-Beispiele, Get together, Walk und Talk (optional)

5.5   STEP 5 – Regionale Verantwortung

Unternehmerisches Handeln ist stets eingebettet in ein lokales und regionales Beziehungs- und Wirkungsgeflecht aus weiteren privatwirtschaftlichen, zivilgesellschaftlichen und öffentlichen Akteuren. Der Unternehmensstandort ist häufig identisch oder liegt in unmittelbarer Nähe zum Wohnsitz von Mitarbeitenden, dem Standort der Zulieferer oder dem Absatzmarkt, sodass Handlungen und Entscheidungen von Unternehmen in Wechselwirkung mit ökonomischen, ökologischen und sozialen Entwicklungen einer Region stehen. Unternehmen werden damit zu sogenannten ‚Corporate Citizen' (Unternehmerischen Bürger) und Mitgestaltern regionaler Entwicklungen und Rahmenbedingungen.

Die Inhalte des Moduls beziehen sich schwerpunktmäßig auf:

* Regionale Gestaltungs- und Umsetzungsmöglichkeiten von CSR
* Verbreitung, Akzeptanz und praktische Umsetzung von CSR in Rheinland-Pfalz
* Junge Gründer*Innen als Visionäre, Idealisten und Innovationstreiber gesellschaftlicher Unternehmensverantwortung
* Implementierung und Integration von CSR in sämtlichen Unternehmensbereichen
* Kommunikation, Transparenz und Verbreitung gesellschaftlicher Unternehmensverantwortung
* Grundlagen und Bedeutung der Nachhaltigkeitsberichterstattung
* Kooperationen, Kollaboration, Vernetzung und Austausch als erforderliche Bedingungen von CSR
* Vernetzung in der Praxis: Regionale Weinverkostung

KOMPETENZZIELE:

Im Rahmen dieses Moduls werden die Teilnehmenden (TN) sich mit dem Leitgedanken „Think global, act local" beschäftigen, d. h. die regionale Bedeutung und Umsetzung von Corporate Social Responsibility. Das Modul besteht aus Fachvorträgen, Erfahrungsberichten und Best Practice Beispielen. Darüber hinaus erhalten die Teilnehmenden immer wieder die Möglichkeit, in Gruppenübungen, Präsentationen, Diskussionen und Selbsteinschätzungen, bisherige Lerninhalte praktisch umzusetzen und zu reflektieren. Folgende Kompetenzfelder (persönlich, sozial, methodisch, fachlich) werden den Teilnehmenden vermittelt:

Die Teilnehmenden...

- erhalten einen Überblick über die Grundlagen, Formen und Möglichkeiten regionaler gesellschaftlicher Unternehmensverantwortung (soziales Engagement, Spenden, Sponsoring, regionale Mitgestaltung)
- erhalten einen Einblick in den aktuellen Stand der CSR-Debatte und Umsetzung in Rheinland-Pfalz
- haben die Möglichkeit in den Austausch mit Gründer*Innen zu gehen und verschiedene Sichtweisen und Erfahrungen kennenzulernen
- entwickeln ein Verständnis für mögliche Implementierungs- und Realisierungsstrategien von CSR für die eigene Abteilung/Organisation
- lernen Grundlagen, rechtliche Rahmenbedingungen und Potenziale der CSR-Kommunikation (insbesondere der Nachhaltigkeitsberichterstattung) kennen und können daraufhin aktiv daran mitwirken
- erlangen ein Bewusstsein für die Bedeutung und den Stellenwert von Kooperation, Kollaboration, Vernetzung und Austausch für CSR
- erhalten die Möglichkeit für einen abschließenden Austausch bei einer regionalen Weinverköstigung
- werden auf die Abschlussprüfung vorbereitet und erhalten ausreichende Möglichkeiten, um Rückfragen zu klären

Die **LEHR- UND LERNFORMATE** der Weiterbildung gliedern sich in...

- Selbstreflexion: Selbsteinschätzung zum persönlichen Führungsverhalten
- Vorträge zu einzelnen Schwerpunktbereichen
- Praktische Übungen, auch in Gruppen – Rollenspiele

- Kollegialer Austausch/Kommunikations-Tandem
- Blended Learning: Präsenz und eLearning – hier werden zentrale Inhalte diskutiert und in praktischen Szenarien angewendet (optional)
- Best-Practice-Beispiele, Exkursionen, Get together, Walk und Talk (optional)

Fazit und Ausblick 6

Schon länger scheint offensichtlich, dass die komplexen Systemverflechtungen der Welt zugenommen haben und dass die eingangs skizzierten Megatrends, neben enorm gestiegenen Handlungs- und Entscheidungsmöglichkeiten, man denke hierbei nur an die nahezu unbegrenzte Kommunikations- und Interaktionsfreiheit dank neuer Technologien, eben auch Unsicherheit und Vulnerabilität zur Folge haben. Selten zuvor wurde dies so deutlich wie in der derzeitigen Situation der Covid-19 (Coronavirus SARS-CoV-2, umgangssprachlich kurz Coronavirus) Pandemie. Das Gesundheitswesen steht vor einer nie dagewesenen Herausforderung, der das medizinische und pflegende Personal täglich neu begegnen muss. Die unmittelbare Verantwortung der Patientenversorgung bindet gegenwärtig sämtliche Ressourcen und geht – so zumindest die meisten Prognosen – weit darüber hinaus. Es stellt sich daher die naheliegende Frage, ob und inwieweit die Auseinandersetzung mit Fragen, Ansätzen und Überlegungen gesellschaftlicher Unternehmensverantwortung und nachhaltiger Entwicklung derzeit überhaupt möglich und sinnvoll sind? Mit anderen Worten, und sicherlich sehr zugespitzt formuliert: Hat die Welt, angesichts dieser existenziellen Bedrohung, überhaupt noch Zeit, sich darüber Gedanken zu machen?

Die Antwort auf diese Frage, und Motivation für dieses Buch, muss nach Ansicht der Autoren aus verschiedenen Gründen ,Ja – sogar mehr denn je' lauten. Um Schäden von Krisen und Herausforderungen der Veränderungsdynamik zu mindern und als gesellschaftliches System möglicherweise sogar gestärkt hervorzugehen, bedarf es einer grundlegenden Reflexion der Krisenbewältigung. Nach dem Auftreten einer Krise ist häufig zu beobachten, dass (inter-) und (trans-)disziplinäre Experten- und Krisenstäbe gebildet werden, die sich gemeinsam dem sogenannten Krisenmanagement widmen. Das Krisenmanagement, deren Ursprünge dem Sicherheitsdiskurs (Disaster Risk Management) der 1970er

K. Keller und M. F. Müller, *CSR-Weiterbildung: Zwischen Wissen, Erfahrung und Haltung,* essentials, https://doi.org/10.1007/978-3-658-34902-8_6

Jahren zu verorten ist, zielt auf die Aufrechterhaltung der Funktionsfähigkeit
(vgl. Fathi, 2019, S. 51). Konkret ist damit der Schutz kritischer Infrastruktur
bzw. – um einen Begriff zu verwenden, der im Zuge der Corona-Krise häufig
Anwendung findet, zugleich aber äußerst kritisch zu betrachten ist – systemre-
levanter Bereiche und Akteure. Krisenmanagement ist somit auf die Erhaltung
oder Wiederherstellung eines stabilen Zustandes, wie er vor Auftreten der Krise
existierte, ausgerichtet. Ein System ist demnach stabil, wenn es trotz unvorher-
sehbarer, gravierender Veränderungen und Einflüsse seine Funktionsfähigkeit und
charakteristische Beschaffenheit beibehält (vgl. Fathi, 2019, S. 28). Wellensiek
(2017) umschreibt dies passend mit dem Bild eines Felsens in der Brandung.
Existenzielle Krisen wie das Coronavirus machen die Beschaffenheit eines Systems und deren Teilbereiche/-systeme deutlich. Bereits vor Corona sah sich das
Gesundheitswesen in Deutschland – und wie nun deutlich wird, auch in beinahe
jedem anderen Land – mit erheblichen Problemen konfrontiert, die sowohl dem
wissenschaftlichen Diskurs als auch der politischen Diskussion seit Jahrzehnten
bekannt sind. Die zunehmende Ökonomisierung von Einrichtungen im Gesundheitswesen, immer schwieriger zu erfüllende staatliche Auflagen und prekäre
Verhältnisse hinsichtlich der Ausstattung und des Personals (Pflegenotstand),
insbesondere in ländlichen Regionen, sind nur einige Beispiele für die enorme
Belastung dieses Systems (vgl. Wilkesmann, 2009; Wissing, 2015; Müller et al.,
2018), das aufgrund seiner internen Komplexität und Interdependenz ohnehin eine
hohe Vulnerabilität aufweist (vgl. Fathi, 2019, S. 52). Politik und Gesellschaft
müssen sich daher fragen, ob die Wiederherstellung des vorherigen Systemzu-
stands im Gesundheitswesen erstrebenswert erscheint, noch langfristig Bestand
haben kann und für auftretende Herausforderungen in der Zukunft, die bereits
heute bekannt sind, wie beispielsweise der demografische Wandel, die steigende
Lebenserwartung und die sich daraus ergebenden Versorgungsengpässe, gerüstet
ist. Darüber hinaus stellt sich auch die pragmatische Frage, ob eine Rückkehr zu
einem Status quo vor der Krise überhaupt noch möglich ist, angesichts der tief
greifenden Umbrüche und Veränderungen, die bereits jetzt deutlich werden.

Ein vergleichsweises neues Konzept stellt die Krisentransformation dar. Statt
der statischen, stabilitätserhaltenden Ausrichtung des Krisenmanagements, legt
die Krisentransformation den Fokus auf die Untersuchung von Krisenfaktoren
und Problemen sowie die Anpassung an einen kontinuierlichen dynamisch-
evolutionären Wandel. Es geht daher weniger um ein Durchhalten in der Krise,
als vielmehr das betroffene System oder die untergeordneten Teilsysteme aktiv
so zu gestalten, dass diese mit Krisen umgehen, die Folgen mindern, aus ihnen
lernen und sich entwickeln können. Unternehmen oder Systeme zeichnen sich
dann durch ihre Fähigkeit aus, Probleme und Krisen zuzulassen, – zumal sich

diese nicht immer verhindern lassen – aus ihnen zu lernen und die Strukturen, Prozesse und Akteure dementsprechend anzupassen (vgl. Fathi, 2019, S. 55 f.). Die Corona-Krise sollte daher von allen Entscheidungsverantwortlichen aller Länder im wörtlichen Sinne als Wendepunkt verstanden werden und den Beginn einer Transformation im Gesundheitswesen einleiten. In Deutschland darf die Aufstockung des medizinischen und pflegenden Personals, eine ausreichende Versorgung an medizinischen Materialien und die gesellschaftliche wie politische Anerkennung (auch in Form monetärer Gratifikationen) von Menschen, die einen wertvollen Beitrag zur Grundsicherung einer Gesellschaft leisten, nicht nur ein temporäres Krisenmanagement-Tool sein, sondern gelebte Wirklichkeit eines zukunftsfähigen, gesunden Gesundheitswesens. In Anlehnung an Galtung (1996) und Fathi (2019) wird eine erfolgreiche Krisentransformation maßgeblich von den folgenden Fähigkeiten abhängen:

- *Empathie* (verstanden als offene, authentische Haltung und Sensitivität sowie gleichsam der notwendigen Sensibilität, um – teilweise unbewusste – Bedürfnisse und Ängste sämtlicher Beteiligter zu erfassen und in Entscheidungen zu berücksichtigen)
- *Kreativität* (verstanden als Fähigkeit Innovationen hervorzubringen, d. h. neue Möglichkeiten und Chancen, auch aus scheinbar unvereinbaren Positionen, zu gewinnen und diese zu verfolgen, um bestmögliche Lösungen für bestehende oder zukünftige Problemlagen zu finden)
- *Kommunikation* (verstanden als interdisziplinärer und -professioneller Austausch von Experten aus Wissenschaft und Praxis, um in der gemeinsamen Kommunikation und Kollaboration, eine breite Akzeptanz für getroffene Entscheidungen zu sichern, Probleme im Vorfeld zu antizipieren, neue Lösungen zu entwickeln und zur globalen Wissensverteilung/-vernetzung beizutragen)
- *Solidarität* (verstanden als individueller, kollektiver und gesellschaftlicher Zusammenhalt über nationale Grenzen und Bestrebungen hinaus, um im gemeinsamen Miteinander Probleme und Herausforderungen zu bearbeiten und zugleich füreinander, insbesondere für benachteiligte Akteure, einzutreten)

Die Auseinandersetzung mit gesellschaftlicher Unternehmensverantwortung scheint mehr als lohnenswert, um die Potenziale und auch Schwachpunkte, die mit Krisen und Veränderungen einhergehen und durch diese deutlich werden, im Sinne einer nachhaltigen Transformation zu nutzen. Die Mitarbeitenden im Gesundheitswesen werden dabei eine zentrale Rolle einnehmen. Eine Kultivierung der Aufmerksamkeit und Achtsamkeit gegenüber Mitarbeitenden, Kollegen,

Familienangehörigen, Freunden, aber auch in Not geratenen Unternehmen oder am Limit arbeitenden Personen, die die (medizinische) Grundversorgung gewährleisten, sollte nicht nur in Krisenzeiten prägende Handlungsmaxime sein, wird aber in ihr umso bedeutsamer. Dazu bedarf es einer gesamtgesellschaftlichen Bereitschaft Verantwortung zu übernehmen und zu tragen, – so schwer sie auch gegenwärtig wiegt – um die Schäden und Bedrohungen dieser Krise so gut wie möglich zu reduzieren und zu einer Transformation des Gesundheitswesens und der Arbeitswelt sowie der in ihnen wirkenden Akteure beizutragen. Denn die Frage, was uns morgen den notwendigen Halt gibt, muss heute schon beantwortet werden.

Zusammenfassend lässt sich sagen, dass CSR in heutigen sich permanent verändernden Zeiten somit zu einer sinnvollen Antwort und zugleich zu einem wirksamen Werkzeug wirksamer Gestaltung einer Zukunft 4.0 werden und sein kann. Dabei ist eine sinnorientierte Führung und eine gemeinsame Zielsetzung voraussetzungsvoll, um den ganzheitlichen Dienst am Menschen sicherzustellen und ein erstrebenswertes Zukunftsbild zu entwerfen und zu gestalten. Zudem wird dieses Bild in einem partizipativen Prozess kontinuierlich und agil verhandelt (vgl. Bruch & Berenbold, 2017, S. 6). Partizipation ist Kennzeichen einer zeitgemäßen Unternehmenskultur und insbesondere im Sozial- und Gesundheitswesen mehr denn je notwendig. Teilnahme und Mitverantwortungen sollen durch eine transparente, wirksame und offene Kommunikation sowie einen regelmäßigen Austausch von Informationen ermöglicht werden. Vor allem an der eigenen beruflichen Entwicklung, in Form von Zielvereinbarungs- und Zufriedenheitsgesprächen, werden Mitarbeitende beteiligt. Führungskräfte müssen, um wirksam, sinnstiftend, verantwortlich und inspirierend führen zu können, die Rolle eines Vorbildes einnehmen und als „Leuchtturm der Sinnstiftung" fungieren und agieren (Bruch & Berenbold, 2017, S. 10). In ihrer Funktion als Vorbild sind sie dazu angehalten, die eigene Arbeit deutlich stärker als sinnvoll und gleichsam nachhaltig zu empfinden, eine Vertrauenskultur vorzuleben, in der Fehler und Probleme als Chance betrachtet werden sich zu verbessern und das Selbstverständnis sowie die Vision des Unternehmens in ihrem täglichen Verhalten für Mitarbeitende erkennbar und erlebbar wird. Darüber hinaus gilt es Gestaltungsspielräume zu schaffen und Mitarbeitende dazu anzuregen diese wahrzunehmen, um kontinuierlich zu ihrer Autonomie, Selbstbestimmung und Kompetenzentwicklung beizutragen. Sinnorientierte Führung verlangt nicht, dass Führungskräfte keine Fehler machen dürfen, sondern appelliert an die Menschlichkeit unternehmerischen Handelns. Führung ist und bleibt ein Garant für eine erfolgreiche Transformation, sowohl in Zeiten der Stabilität und noch mehr in Zeiten der Unsicherheit.

Eine mögliche Initialbewegung in diese Richtung bietet die sinnorientierte und nachhaltige Weiterbildung mit ihren STEPs, die als reflexionsorientierte Wegstrecke für einen individuellen und organisationalen Prozess betrachtet werden. In nachvollziehbaren und wertebasierten Schritten wird der Weg der Veränderung kontinuierlich gemeinsam gegangen, sodass Agilität, Wertschätzung und Mitbestimmung in der New Work 4.0 mehr und mehr Einzug halten können. Jeder einzelne Mitarbeitende übernimmt bei der gemeinsamen CSR-Weiterbildung Verantwortung und wird so zu einer unternehmensweiten Antwort im Kontext der gesellschaftlichen Unternehmensverantwortung und nachhaltigen Zukunft.

Was Sie aus diesem *essential* mitnehmen können

- Sie konnten sich einen Überblick über die Perspektiven, Anforderungen und Bedeutungsvielfalt des Verantwortungsbegriffs verschaffen und wissen um dessen ethisch-moralischen Anspruch und Gehalt.
- Die Kenntnisse und Perspektiven anderer Menschen, Bereiche oder Disziplinen stellen für Sie eine lohnenswerte Bereicherung dar, die es für komplexe Aufgaben- und Fragestellungen (wie gesellschaftliche Unternehmensverantwortung) zu nutzen gilt.
- Sie haben inhaltliche und didaktische Einblicke und Empfehlungen in und für die Gestaltung einer Weiterbildung zur gesellschaftlichen Unternehmensverantwortung erhalten und können diese im eigenen Kontext wirksam nutzen, um erste Initiativen zu ergreifen.
- Ihnen gelingt der Perspektivwechsel auf Krisen- sowie Veränderungsmanagement und Sie haben eine konkrete Vorstellung davon entwickelt, mit welchen Möglichkeiten Sie Veränderungsprozesse herbeiführen können, aber auch welche Rahmenbedingungen und Grenzen es zu beachten gilt.

© Der/die Herausgeber bzw. der/die Autor(en), exklusiv lizenziert durch Springer Fachmedien Wiesbaden GmbH, ein Teil von Springer Nature 2021
K. Keller und M. F. Müller, *CSR-Weiterbildung: Zwischen Wissen, Erfahrung und Haltung*, essentials, https://doi.org/10.1007/978-3-658-34902-8

Literatur

Aicher, M. (2011). *Corporate Social Responsibility und Nachhaltigkeitsmanagement. Corporate Social Responsibility und Nachhaltigkeitsmanagement im Rahmen einer marktorientierten Unternehmensführung*. VDM Verlag Dr. Müller.

Alemann, A.v. (2015). *Gesellschaftliche Verantwortung und ökonomische Handlungslogik*. Springer VS.

Arbeitskreis Nachhaltige Unternehmensführung der Schmalenbach-Gesellschaft für Betriebswirtschaft e.V. (2015). „Verantwortung" eine phänomenologische Annäherung. In Schneider, A. & Schmidpeter, R. (Hrsg.), *Corporate Social Responsibility* (2. Aufl., S. 43–58). Springer Gabler.

Balderjahn, I. (2013). *Nachhaltiges Management und Konsumentenverhalten*. UVK Verlagsgesellschaft mbH.

Backhaus-Maul, H., Biedermann, C., Nährlich, S., & Polterauer, J. (Hrsg.). (2010). *Corporate Citizenship in Deutschland. Gesellschaftliches Engagement von Unternehmen. Bilanz und Perspektiven* (2. Aufl.). VS Verlag.

Baumast, A., & Pape, J. (2013). *Betriebliches Nachhaltigkeitsmanagement*. Eugen Ulmer.

Bergmann, M., Jahn, T., & Knobloch, T. et al. (2010). *Methoden transdisziplinärer Forschung. Ein Überblick mit Anwendungsbeispielen*. Campus.

BMAS – Bundesministerium für Arbeit und Soziales (2010). Nationale Strategie zur gesellschaftlichen Verantwortung von Unternehmen (Corporate Social Responsibility – CSR). Aktionsplan CSR der Bundesregierung. Online. URL: Microsoft Word - Nationale CSR-Strategie_Aktionsplan CSR final.doc (bundesregierung.de). Zugegriffen: 27. Marz. 21.

BMAS – Bundesministerium für Arbeit und Soziales (2011). Die DIN ISO 26000. „Leitfaden zur gesellschaftlichen Verantwortung von Organisationen". Ein Überblick. Online. http://www.bmas.de/SharedDocs/Downloads/DE/PDF-Publikationen/a395-csr-din-26000.pdf%3F__blob%3DpublicationFile. Zugegriffen: 21. Marz. 18.

Bowen, H. R. (1953). *Social responsibilities of the businessman*. Harper.

Bruch, H., & Berenbold, S. (2017). Zurück zum Kern. Sinnstiftende Führung in der Arbeitswelt 4.0. Organisationsentwicklung 2017/1, S. 4–11.

Carroll, A.B. (1979). A three-dimensional conceptual model of corporate performance. *Academy of Management Review,4*(4), 497–505.

© Der/die Herausgeber bzw. der/die Autor(en), exklusiv lizenziert durch Springer Fachmedien Wiesbaden GmbH, ein Teil von Springer Nature 2021
K. Keller und M. F. Müller, *CSR-Weiterbildung: Zwischen Wissen, Erfahrung und Haltung*, essentials, https://doi.org/10.1007/978-3-658-34902-8

Carroll, A.B., & Buchholtz, A.K. (2003). *Business & society. Ethics and stakeholder management* (5. Aufl.). South Western.

Curbach, J. (2009). *Die Corporate-Social-Responsibility-Bewegung.* VS Verlag.

Europäische Kommission (2001). Europäische Rahmenbedingungen für die soziale Verantwortung der Unternehmen (Grünbuch). Europäische Kommission.

Europäische Kommission (2011). Eine neue EU-Strategie (2011–14) für die soziale Verantwortung der Unternehmen (CSR). Online. http://ec.europa.eu/transparency/regdoc/rep/1/2011/DE/1-2011-681-DE-F1-1.Pdf. Zugegriffen: 21. Marz. 18.

Fathi, K. (2019). Resilienz im Spannungsfeld zwischen Entwicklung und Nachhaltigkeit. Anforderungen an gesellschaftliche Zukunftssicherung im 21. Jahrhundert. Springer VS.

Galtung, J. (1996). *Peace by peaceful means. Peace and conflict, development and civilization.* SAGE Publications.

Grubendorfer, C. (2016). *Einführung in systemische Konzepte der Unternehmenskultur.* Carl-Auer.

Hauff, V. (1987). *Unsere gemeinsame Zukunft. Der Brundtland-Bericht der Weltkommission für Umwelt und Entwicklung.* Eggenkamp.

Heese, C., & Thaler, T. (2018). Das Krankenhaus als engagierter Bürger. Sponsoring im Rahmen der Corporate Citizenship. In Keller, K. & Lorenz, F. (Hrsg.), *CSR im Gesundheitswesen* (S. 179–190). Springer Gabler.

Heidbrink, L. (2017). Definitionen und Voraussetzungen der Verantwortung. In L. Heidbrink, C. Langbehn, & J. Loh (Hrsg.), *Handbuch Verantwortung* (S. 3–34). Springer VS.

Hentze, J., & Thies, B. (2012). *Unternehmensethik und Nachhaltigkeitsmanagement.* Haupt.

Jahn, T. (2008). Transdisziplinarität in der Forschungspraxis. In Bergmann, M. (Hrsg.), *Transdisziplinäre Forschung. Integrative Forschungsprozesse verstehen und bewerten* (S. 21–37). Campus.

Keller, K., & Lorenz, F. (Hrsg.) (2018). *CSR im Gesundheitswesen. Dynamik im Spannungsfeld von individuellem und organisationalem Anspruch und deren Auswirkungen auf die Unternehmensstrategie.* Springer Gabler.

Kemp, R., & Martens, P. (2007). Sustainable development: how to manage something that is subjective and enver can be achieved? *Sustain: Science, Practice, Policy3,* 5–14.

Krickhahn, T., & Rennert, C. (2018). CSR als Gegenstand interdisziplinärer Lehre. In M. Raueiser & M. Kolb (Hrsg.), *CSR und Hochschulmanagement* (S. 19–30). Springer Gabler.

Laloux, F. (2015). *Reinventing Organizations. Über die Entwicklung ganzheitlicher, sinnerfüllender und wachstumsorientierter Organisationen.* Franz Vahlen.

Lang, M., & Wagner, R. (2020). *Das Change Management Workbook. Veränderungen im Unternehmen erfolgreich gestalten.* Carl Hanser.

Lenk, H. (1994). *Von Deutungen zu Wertungen.* Suhrkamp.

Lenk, H. (1998). *Konkrete Humanität. Vorlesungen über Verantwortung und Menschlichkeit.* Suhrkamp.

Lenk, H., & Maring, M. (1995). Wer soll Verantwortung tragen? Probleme der Verantwortungsverteilung in komplexen (soziotechnischen-ökonomischen) Systemen. In Bayertz, K. (Hrsg.), *Verantwortung – Prinzip oder Problem?* (S. 241–286). Wissenschaftliche Buchgesellschaft.

Loew, T., Ankele, K., Braun, S., & Clausen, J. (2004). *Bedeutung der internationalen CSR-Diskussion für Nachhaltigkeit und die sich daraus ergebenden Anforderungen an Unternehmen mit Fokus Berichterstattung. Endbericht.* future e.V.

Luhmann, N. (1998). *Die Gesellschaft der Gesellschaft*. Suhrkamp.

Malik, F. (2011). *Strategie*. Campus.

Martens, P. (2006). Sustainability: science or fiction? *Sustain: Science, Practice, Policy2*, 36–41.

Mayer, A.G. (2005). *Marktorientierung im Krankenhaus der Zukunft: Erfolgsfaktoren für unternehmerisch geführte Kliniken*. Baumann.

Menzel, J., & Jaklin, H. (2018). Corporate Social Responsibility (CSR) und Leadership im Gesundheitswesen. In K. Keller & F. Lorenz (Hrsg.), *CSR im Gesundheitswesen* (S. 259–272). Springer Gabler.

Michelsen, G., & Adomßent, M. (2014). Nachhaltige Entwicklung: Hintergründe und Zusammenhänge. In Heinrichs, H. & Michelsen, G. (Hrsg.), *Nachhaltigkeitswissenschaften* (S. 3–59). Springer Gabler.

Miegel, M. (2014). Die unerwiderte Liebe der Menschen zum Kapitalismus. Frankfurter Allgemeine Zeitung (FAZ). Nr. 190/13. 18. August 2014.

Motoki Tonn, K., & Stürenberg Herrera, M.J. (2018). Mindset als Form der Implementierung von CSR in das Business Model. In Bungard, P. (Hrsg.), *CSR und Geschäftsmodelle*. Springer Gabler.

Müller, M., Pätzold, H., Keller, K., & Hasske, E. (2018). Wert(e)orientierte Führung. Beziehungskultur schafft nachhaltige Lernkultur – Eine Leitbildanalyse. In Keller, K. & Lorenz, F. (Hrsg.), *CSR im Gesundheitswesen* (S. 61–76). Springer Gabler.

Neuhäuser, C. (2017). Unternehmensverantwortung. In L. Heidbrink, C. Langbehn, & J. Loh (Hrsg.), *Handbuch Verantwortung* (S. 765–788). Springer VS.

Oltmanns, T., & Nemeyer, D. (2010). *Machtfrage Change – Warum Veränderungsprojekte meist auf Führungsebene scheitern und wie sie es besser machen*. Campus.

Polterauer, J. (2010). Unternehmensengagement als „Corporate Citizenship". Zum Stand der empirischen Corporate Citizenship-Forschung in Deutschland. In Backhaus-Maul, H., Biedermann, C., Nährlich, S., & Polterauer, J. (Hrsg.), *Corporate Citizenship in Deutschland. Gesellschaftliches Engagement von Unternehmen. Bilanz und Perspektiven* (2. Aufl., S. 203–239). VS Verlag.

Porter, M. (2004). Strategie. *Harvard Business Manager, 1*, 47–63.

Rodehuth, M. (1999). Weiterbildung und Personalstrategien: Eine ökonomisch fundierte Analyse der Bestimmungsfaktoren und Wirkungszusammenhänge (Schriftenreihe Empirische Personal- und Organisationsforschung Band 10). Rainer Hampp.

Schaltegger, S. (2018). Unternehmerische Verantwortungsübernahme für gesellschaftlichen Nutzen. Business Case for Sustainability als Mittel nachhaltiger Entwicklung. In Backhaus-Maul, H. et al. (Hrsg.), *Gesellschaftliche Verantwortung von Unternehmen in Deutschland* (S. 351–364). Springer VS.

Schmidpeter, R. (2015). CSR, Sustainable Entrepreneurship und Social Innovation – Neue Ansätze der Betriebswirtschaftslehre. In Schneider, A. & Schmidpeter, R. (Hrsg.), *Corporate Social Responsibility. Verantwortungsvolle Unternehmensführung in Theorie und Praxis* (2. Aufl., S. 135–144). Springer Gabler.

Schmidpeter, R., & Kolb, M. (2018). Wirtschaft im Wandel – Neue Anforderungen an die Managementausbildung. In M. Raueiser & M. Kolb (Hrsg.), *CSR und Hochschulmanagement* (S. 11–18). Springer Gabler.

Schneider, A. (2015). Reifegradmodell CSR – eine Begriffserklärung und -abgrenzung. In Schneider, A. & Schmidpeter, R. (Hrsg.), *Corporate Social Responsibility. Verantwortungsvolle Unternehmensführung in Theorie und Praxis* (2. Aufl., S. 21–42). Springer Gabler.

Schultz, F. (2011). Moralische und moralisierte Kommunikation im Wandel: Zur Entstehung von Corporate Social Responsibility. In Raupp, J., Jarolimek, S., & Schultz, F. (Hrsg.), *Handbuch CSR. Kommunikationswissenschaftliche Grundlagen, disziplinäre Zugänge und methodische Herausforderungen. Mit Glossar* (S. 19–44). Springer VS.

Seitz, B. (2002). Corporate Citizenship. Zwischen Idee und Geschäft. In Wieland, J. & Conradi, W. (Hrsg.), *Corporate Citizenship. Gesellschaftliches Engagement – unternehmerischer Nutzen* (S. 23–195). Metropolis.

Sommer, T. (1993). Die Krise holt den Westen ein. Nach dem Zusammenbruch des Kommunismus wanken nun die Fundamente der Demokratie. DIE ZEIT. Nr. 15/1. 9. April 1993.

Sonntag, K., Stegmaier, R., Schaper, N., & Friebe, J. (2004). Dem Lernen im Unternehmen auf der Spur: Operationalisierung von Lernkultur. *Unterrichtswissenschaft,32*(2), 104–128.

Sprenger, R.K. (2007). *Das Prinzip der Selbstverantwortung; Wege zur Motivation.* Campus.

Steiner, M., & Rathe, D. (2018). Megatrends: Die Integration von globalen Herausforderungen in das unternehmerische Nachhaltigkeitsmanagement. In Bungard, P. (Hrsg.), *CSR und Geschäftsmodelle.* Springer Gabler.

Verfürth, N. (2016). *Individuelle Verantwortung in Unternehmen. Ethische Entscheidungsprozesse als Voraussetzung für Corporate Social Responsibility.* Springer VS.

Wellensiek, S.K. (2017). *Handbuch Resilienztraining. Widerstandskraft und Flexbilität für Unternehmen und Mitarbeiter* (2. Aufl.). Beltz.

Werhane, P. H. (1985). *Persons, rights and corporations.* Prentice Hall.

Werhane, P. H. (1992). Rechte und Verantwortungen von Koporationen. In H. Lenk & M. Maring (Hrsg.), *Wirtschaft und Ethik* (S. 329–336). Reclam.

Wieda, C. (2011). Bares oder Wahres. *Personalmagazin,2011*(04), 48.

Wilde, O. (1963). The picture of Dorian Gray [1891]. Edinburgh.

Wilkesmann, M. (2009). *Wissenstransfer im Krankenhaus. Institutionelle und strukturelle Voraussetzungen.* Springer VS.

Wissing, F. (2015). *Mitarbeiterbefragungen in deutschen Krankenhäusern. Ein wirksames Instrument des Qualitätsmanagements?* Campus.

Zukunftsinstitut (2021). Megatrends. Online. https://www.zukunftsinstitut.de/dossier/megatr ends/. Zugegriffen: 29. Marz. 2021.